なぜか好かれる人が
やっている100の習慣

人見人愛的100好感處世習慣

藤本梨惠子

楓書坊

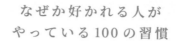

前言

「我希望自己不管跟誰都能在短時間內建立起信任關係。」

「我希望自己是一個人見人愛的人。」

你希望你的人生如何改變呢？

煩惱與家人的關係、與戀人的關係、與朋友的關係、與同事的關係、與主管的關係……儘管每個人的煩惱各不相同，人際關係卻是大多數人共通的煩惱。

在美國勞動科學研究所公布的調查結果中，提升工作生產力的首要因素就是「改善人際關係」。

「不論職場還是日常，只要是有人的地方，人與人的溝通就很重要，但不論是在學校還是公司，幾乎都不會開課教我們怎麼與人溝通。」

某位參加講座的學員這麼說。我們都說人際關係很重要，卻沒有機會去學習怎麼與人溝通。

我自己也是快30歲才開始學習怎麼與人溝通。

小時候由於家庭因素，我輾轉寄宿在不同的親戚家，光是國小、國中就轉學了6次。那時的我總是無法適應新環境，時常感覺自己沒有立身之處。

上了高中以後，我為了賺學費而到提供住宿的報社做送報生。當時的我覺得當送報生很丟臉，所以沒讓身旁的朋友知道這件事，偽裝自己只是一名普通的高中生。

因為跟許多人一起住在員工宿舍，讓我深刻感受到與他人共同生活是多麼不容易的事。

我表面看起來很樂觀，實際上卻非常細膩敏感，所以人際關係一直都是我的煩惱。

從短期大學畢業以後，我每個月都加班超過130個小時，每天上班都會聽到老闆的辦公室傳出響徹雲霄的怒罵聲，就知道他又在訓斥員工。我在這樣的工作環境下，不僅身體過度疲勞，也承受許多精神上的壓力。某天早上，我一起床就發現門牙竟然斷了。

我那時閃過一個念頭：「再這麼下去，我的精神一定會出問題！我一定要救我自己才行！」於是，我開始學習起了NLP、交流分析、企業諮商、職涯發展諮商、正念冥想等關於心理學、精神世界的專業知識。

後來，我整合所學的知識內容，並成為一名獨當一面的職涯發展諮商師兼講師。

而後，諮商的人數逐漸超過1萬人，我也舉辦了2000場以上的講座，我在這個過程中接觸到許多人對於人際關係的煩惱。

年輕的我不顧一切拚命工作，卻在40多歲時發現自己得到癌症，而且已經是第3期。

我以前一直覺得「癌症不代表絕症」，不論遇到什麼事都勇往直前，這次卻遇到了攸關性命的危機，可能再怎麼努力也治不好的打擊真的讓我完全不知道該如何是好。

那時，心理學、正念冥想以及旁人給予的支持，拯救了茫然惶恐的我。

我的人生中有許多關於「人」的煩惱，但最後也是「人」拯救了身陷谷底的我。

有人說：「要真的學會一件事，就必須把自己置身在離它最遠的地方。」

舉例來說：倘若要真正學會感恩水資源的可貴，生活在像沙漠一樣缺乏水資源的地方，就會比生活在用水無虞的國家裡更能理解水的珍貴。

所以，身在一個人際關係和諧或不必為人際關係煩惱的環境裡，就比較難學會洞察「人心」，必須讓自己身在一個截然相反的環境裡，才能有更深刻的體會。在回顧自己的人生以後，現在的我有了如此的體悟。

心理學改變了我的生存之道以及人際關係，後來的我更在進行諮商及舉辦講座時傳達這些心理學的知識，並且得到「現在覺得活著不是那麼辛苦了」的迴響。

在人際關係當中遇到挫折並不是你的錯，不過是你沒有機會去學習人的心理，並將所學內容實踐在生活當中罷了。許多人都覺得自己辦不到，其實只是因為不曉得該怎麼做而已。

我想透過這本書，把更愛自己以及愛人如己的精髓傳達給每一位讀者。因為，不懂得愛自己的人就無法真正地愛人。

這本書將透過人際關係改變你的生存之道。

只要你改變了溝通方式，交往的人就會不同。

交往的人不同，我們的想法，甚至是行動也會有所不同。
然後，我們就會找到全新的生存之道。

藤本　梨惠子

◎人見人愛的100好感處世習慣 目次

第2章 談吐篇

第3章 交際篇

第4章 行動篇

第5章 正向思考篇

第 6 章 工作、職場篇

第7章 **釋放壓力**篇

結語

第 1 章

外表、舉止篇

01 用視線讓對方產生好感

有人說：「眉目傳情猶如傾訴千言萬語。」倘若眼神真的會說話，實際上到底能表達到何種程度呢？

神經語言程式學（英語：Neuro Linguistic Programming）簡稱NLP，也被稱為大腦的使用說明書。其理論認為，**如果要看懂對方的一言一行，就要注意對方的視線方向。**

例如：有人問：「你昨天在哪裡？」回答時的視線如果瞥向右上方（眼神朝右表示建構未來的事，朝上表示腦海在假想畫面），那麼你就是在說謊；回答時的視線如果是看著左下方（眼神朝左表示回憶過去的事，朝下表示心裡在感受自己的心情），那你說的就是真話。

不曉得各位有沒有注意到，有些人在聽別人講話或演講時會把眼睛閉上。這樣做是為了更專注地聆聽聲音，阻擋眼睛接收外界的訊息，而這樣的方式則稱為「消除色彩」。透過消除色彩，眼睛接受到訊息、看到的人物就不會干擾大腦，讓人可以專心地思考。這麼做的同時也是為了不讓對方看出自己在想什麼。

女性在轉頭的那一瞬間如果先是低眉垂眸，再抬起眼眸望向對方，通常都讓人覺得「嬌媚動人」。這是因為透過低眉垂眸的動作，就讓對方感覺到這個人也許是在害羞。諸如此類的視線轉移所傳達出的訊息遠比我們想像得還要多。

在美國舉辦總統大選時，有人說發言時經常眨眼的候選人一定會敗選。這是因為眨眼頻率可以代表一個人的緊張程度，所以選民看到某個候選人發言時一直眨眼的話，就會下意識地覺得：「這個人是不是在說謊，才會緊張得一直眨眼？」

另外，招人嫌棄的人通常視線的方向都很極端，不是完全不看著對方的眼睛，就是一直盯著對方的眼睛看。而且，這種人也完全不會去注意對方的視線在哪裡。

我有一位朋友是從事一對一的聯誼指導，所謂「聯誼」即是為了成功結婚而努力進行各項活動。假如他的客戶是一位視線很不自然的男性，他就會很仔細地引導客戶，告訴他：「好，你現在要看著對方。好，現在要移開你的視線。」透過引導，讓客戶去感受什麼時機點應該目光接觸。

討人喜歡的人不論是目光接觸的時機還是眨眼的時機點都很自然，而且**還會相當注意對方的眼神，掌握住對方的心情。**

用眼神傳達無聲的訊息！

02 嘴角揚起的高度與好感度成正比

討人厭的人都會呈現嘴角下垂的狀態。他們當然也不是故意要把嘴角往下垂，是因為日本人在講話時不太需要使用顏面表情肌也能發出標準的日文發音。相對於歐美國家的人在講話時會使用到60%的顏面表情肌，日本人只會使用到20～30%的顏面表情肌，這個差異也讓日本人年紀愈大就愈容易有嘴角下垂的情況出現。

A先生是一位很受客戶歡迎的業務員，他認為與人相逢即是有緣，要珍惜每次的相逢。所以，只要他開著公司的車去拜訪客戶，下車前一定都會先透過後視鏡確認自己是否帶著笑容。

臉上經常掛著笑容會讓別人想起你時先想到「這個人總是笑呵呵」，自然就會討人喜歡。

心理學認為人的外在表現會反映出內心狀態。人在不高興的時候時會自然雙手抱胸，就是用雙手抱胸的外在行動表現出封閉自己的內心狀態。也就是說，只要臉上帶著笑容，就會自然地向對方表現出「我願意向你展開心扉」的態度。

美國印第安納州德堡大學的馬修．赫坦斯登教授做了一項研究，他以**在畢業照上露出開**

心笑容的人以及愁眉苦臉的人為研究對象，發現愁眉苦臉的人跟面帶笑容的人比起來，前者的離婚率是後者的5倍。可見笑容確實深深影響著人際關係。

平常總是面無表情的人、習慣戴著口罩不讓別人看見自己表情的人，通常顏面表情肌都比較無力，臉上就愈來愈少出現笑容。

「笑容＝嘴角往上揚」，好感度自然就會上升。

「臉蛋是父母給的，表情是自己決定的」。臉的輪廓主要由父母的基因影響，我們沒辦法決定自己長成圓臉還是方臉，但平時要笑容滿面還是板著一張臉，肯定是取決於自己的選擇。

佛陀說過：「每天都要送給別人一個禮物，這個禮物不一定要是有形的物品，一句感謝的話也好，一個笑容也好，只要能讓對方感到幸福，那就是好的禮物。」

你的一個笑容必定會讓某個人感到一絲幸福。在畢業照上露出開心笑容的人之所以能夠維持長久的幸福婚姻，或許就是因為他們一直將自己的笑容贈送給有緣相逢的每個人。

把你的笑容贈送給別人！

03 表情比長相更重要

臉上皺紋的方向可以顯示一個人的溝通能力。總是眉頭緊蹙的人就容易在眉間形成直的皺紋。相反地，眼尾有許多魚尾紋的人通常都是愛笑的人。皺紋的走向取決於顏面表情肌的使用方式。

有一位化妝師說：**「我們的臉不會自然長出直的皺紋。是因為一直重複做出困擾、生氣等等的表情，使顏面表情肌逐漸形成了記憶，才會出現直的皺紋。」**

我有3位從事不同職業的友人，分別是稅務專業的稅理士、補習班講師以及聲樂指導，我將這3位友人稱為慈眉善目3人組。他們各有各的專業，工作上唯一的共同點就是都必須讓客戶喜歡他們。慈眉善目的人也就是臉上經常掛著笑容，他們一笑起來都會把眼睛瞇成一條線，臉也會皺成一團，讓人感覺很溫暖、善良。認識他們以來，我一直都以為他們天生就擁有一雙下垂眼以及滿面的笑容。

下垂眼與上斜眼的差別在於眼頭與眼尾的連線是往下垂還是往上揚。

實際上，我這3位友人本來都是上斜眼。而他們平時總是被人稱讚「你笑起來真好看」、「你看起來真是溫柔」則是因為他們現在都是眼尾低於眼頭的下垂眼。他們總是帶著笑容，所以眼尾自然也有橫著長的魚尾紋。臉上帶著開心愉悅的表情，自然讓人對他們產生好印象。

一位業務員一直很努力地在跑業務，但他總是眉頭緊蹙形成一對八字眉，所以看起來就是面有憂色。每次聽他在說明的時候，我都忍不住覺得他是不是有什麼困難，害我也跟著緊張起來。

在眉間形成皺紋的皺眉肌會與我們的情緒產生連結，顯露出我們真實的情感。就像「愁眉不展」這個成語就是用來形容人憂愁的樣子，當我們聽到了不愉快的話題時，本來就會皺起眉頭。所以，總是習慣皺著眉頭的人就會顯得比較吃虧。

A也是一位非常認真的諮商師，但他同樣習慣皺著眉頭，帶著八字眉。這樣的表情在談論嚴肅的話題時當然很適合，但如果要聊比較輕鬆愉快的話題，就很難讓對方的心情變好。

臉上帶著不開心的表情，自然就不會給人留下好印象。

別再皺眉了！

04 用視線開拓人脈

有一位朋友是個王牌銷售員，即使在跨業交流會等場合與人初次見面，也會認真地看著每個人，回應他人說的話。

他說：「看到有人插不上話或覺得無聊，我都會覺得很在意。所以，我會盡量注意別讓這樣的情況發生。」

他的視線就像是一枚自內心發射的箭（心的能量），總是落在身旁每一個人的身上。因為這樣，他參加任何交流會都會在短時間內被任命為幹事，也經常受邀出席各種場合。這正是他透過了視線擴大自己的人脈。

另一方面，A在職場只與他願意接納的同事有眼神的接觸，上很容易受到別人誤解。例如，即使在一起吃午餐時，他也不會看一眼新來的同事，視線都只落在之前就認識的同事身上，只跟他們聊天。

新同事尚未熟悉新職場，心中還有很多不安，甚至有人因此坦白說：「A前輩好像討厭我……」

A其實也沒有惡意，只是個性比較「內向、怕生」，害怕跟他人有眼神的接觸而已。假如內心的箭朝著自己，只想著：「初次見面的人會怎麼看我呢？」就會把自己弄得更緊張，甚至緊張得說不出話來。A就是因為這樣才不敢與人有目光的接觸。結果**便是在不知不覺之間阻擋了許多能夠向外拓展人脈的機會。**

A的資歷深，工作能力也好，但公司內的人對他的評價是人際能力欠佳，因而錯失升遷的機會。

哈佛商學院曾做過一項研究，結果發現人際能力好的人與人際能力差的人一輩子的收入竟然相差了1・85倍。

會考慮對方感受的人，就會用眼睛去留意對方的樣子。**討人喜歡的人總是會考慮對方的心情，把目光放在對方身上。**

討人厭的人通常更在意別人對自己的評價，不會考慮對方的心情，也不會把目光放在對方身上。

懂得要考慮對方的感受時，自然就會把目光放在對方身上。

懂得考慮對方的感受，就會把目光放在對方身上！

05
用視線抓住機會

掌握對方的視線就是掌握對方的心，能掌握人心的人往往不會錯過機會。

開會的時候也是一樣，**發言的人通常會看著正在看他的人，展現出自己正在認真聆聽發言的態度，因此就容易讓周圍的人留下好印象。**

這樣的道理也能套用在社會新鮮人求職時的小組討論環節。當小組中的5、6個人都互不認識時，面試者就算不是輪到自己發言，也會與正在發言的人有目光接觸、適時地附和、點頭予以回應，就會比較容易讓正在發言的面試者看著他，希望得到一些回應與意見。看在面試官的眼裡，也會更容易錄取這樣的面試者。

視線的投射就像是播撒種子。

討人喜歡的人會積極地與別人有目光的接觸，讓彼此間的信賴關係萌芽，進而把握住更多的機會。

討人厭的人則會閃躲別人的目光，不與人有目光的接觸，自然就無法播下信賴的種子。

心理諮商時為了在短時間內讓對方卸下心防，最基本的方法就是**「度測」（Calibration）**

（觀察對方的表情、態度等言語之外的訊息）。目光的接觸可以讓諮商者感到安心，並且從諮商者的表情等肢體語言當中看懂情緒的轉變。專注地看著對方，就能掌握住「對方最想表達的訊息＝主訴」。

人類是一種希望別人能夠理解自己的生物。關於信賴關係的建立，被譽為諮商之神的卡爾・羅傑斯說：**「別想著去調解人，要試著去理解人。」**理解對方的第一步就是眼睛要看著對方。

即使身旁有人，你還是會一直滑手機嗎？

假如你的注意力都放在手機上，不在對方的身上，那你怎能掌握對方的心思？

討人喜歡、值得信賴的人通常都會把目光放在對方身上。正因為目光在對方身上，才能聽懂對方話中的主訴或核心部分，才能夠真正理解對方的想法。

對於願意理解自己的人，我們也會願意敞開自己的心扉。

用眼神傳達「我在聽你說話」的訊號給對方知道！

06 控制好自己的視線

男性的眼神通常比女性更誠實，甚至有人說：「男人一說謊就會眼神亂飄，女人在說謊時還能面不改色地看著對方。」人只要一說謊就會眼神亂飄，是因為心中的不安透過眼睛顯現出來。

我以講師的身分出席聯誼座談會時，我都會觀察報名參加的人在講話時的樣子。**有一次聯誼座談會時，我就發現一位男性的舉動很特別，只要面前的女性是他心目中的類型，他就會無意識地把人家從頭到腳打量過一遍。**

當然，他完全沒有意識到自己有這樣的舉動。只能說他的眼神太誠實了。

不過，對於女性來說，這完全就是「令人噁心」的行為。

那場聯誼座談會結束以後，確實也有好幾位女性跑來找我告狀，說：「那個人怎麼肆無忌憚地盯著人看，感覺好噁心喔……」別說是與在場的女性發展成戀愛關係了，這位男性就連給人的第一印象都是最糟糕的評價，直接出局。

像這樣討人厭的人通常都會放任自己的目光亂看，非常不會掌控視線。

相反地，討人喜歡的人就會有意識地控制自己的目光，盡量不要看著對方頸部以下的部分。

在工作場合中，更是必須注意自己的目光。

美國已針對職場騷擾推動相關的防治對策，串流媒體巨擘Netflix就規定**「禁止在職場上盯著對方看超過5秒」**，掀起一陣討論。

男性看到女性穿著比較性感或緊身的衣服，就會忍不住盯著對方一直看。假如在職場上也是這麼做的話，說不定會被女同事反映「這個人一直用色情的眼光盯著我看，讓我感覺很不舒服」。

就像有句俗話說：「眉目傳情猶如傾訴千言萬語。」所以當看著別人的時候，一定要控制好自己的目光，別看著對方頸部以下的部分以表現出尊重，也不會讓對方感到不舒服。

這也是避免自己的目光造成騷擾。

別盯著對方頸部以下的部分！

07 讓對方敞開心扉的位置安排

人與人之間的距離都有一個心理上的界線，稱為個人空間。當別人進入自己的個人空間時，就會感到不舒服。個人空間又稱為個人距離，通常女性的個人空間是以自己為圓心的一個圓，男性的個人空間則是一個前長側窄的橢圓。

我在進行培訓，都會先請參加者分成兩人一組，請他們按照以下兩種情況入座：①面向對方坐下，看著對方、②兩人並肩坐下。最後，再請他們分享在這兩種情況下的感受有哪裡不一樣。

這時，許多人都會說①的方式會讓他們覺得「雙腿會一直想動來動去」、「感覺很不自在」。方式①在教練式領導等專業領域中稱為**「對決姿勢」**，會讓人的情緒變得更加緊張。這種座位安排很適合用在談話節目等需要辯論的場合、主管要讓下屬表明決意的情況，但並不適合用在雙方敞開心扉進行交談的情況。

方式②的**並肩而坐被稱為「長椅姿勢」，也就是「友好姿勢」，情侶開車兜風、看電影等等都會選擇並肩而坐，是適合親密關係的座位安排。**參加者對於方式②的感想也大多是

「感覺比方式①更方便聊天」、「讓人感覺比較放鬆、自在」。

方式①的座位安排會讓雙方看見完全相反的景色。眼裡所見的事物相反，意見自然就難以一致。

方式②的**「長椅姿勢」能讓雙方看見完全一樣的景色。眼裡所見的事物相同，心裡的感覺自然也會容易一致。因為這樣，方式②**「長椅姿勢」才會比方式①的「對決姿勢」更讓人感到放鬆。

不過，如果與對方是初次見面，或是在工作的場合中，通常不太可能會與對方並肩而坐。這時，比較適合的方式其實是跟對方保持45度角的位置關係。在諮商或教練式領導等領域中，諮商心理師或教練為了與對方建立起良好的關係，也會經常採用45度角的座位安排。到醫院或診所看診時，患者與醫師在對話時也是採用這種位置關係。45度角的位置安排不會像「長椅姿勢」那樣與對方太過親密，但也不會像「對決姿勢」那樣令人緊張。

這樣的座位安排也能讓彼此在開始談工作之前就感到安心以及信賴。

45度角的位置關係更方便交談

08 從指尖開始釋放出「我願意對你敞開心扉」的訊號

除了上一頁敘述的位置關係，還有其他的座位安排也會影響到對談時的印象。

例如：跟客戶約在咖啡廳談工作時，最基本的禮貌應該是請客戶坐在離門口比較遠的那個位置，也就是日本人所說的上座。不過，如果希望客戶可以更專心聽你講話時，那就必須從心理學的角度來決定座位的安排。當客戶坐在上座時，他的目光就容易落在店門口，容易被進出店裡的人潮分散注意力。所以，這時如果把客戶安排在背對門口的位置上，客戶看到的只有店裡的牆面跟你，所以就會比較專注在工作的討論上。

另外，**當想要講的是比較嚴肅的事情時，坐在背對著陽光的位置上**也會得到不錯的效果。這樣會讓你看起來背後帶著光芒，對方對於你說的話就會更加認同。

外界的因素往往會影響人的內心，而內心的想法或感受則會顯現於外在的行為。一定要了解這一點，做出最好的位置安排。

以心理分析的角度來看，用什麼樣的方式回應「請讓我看看你的手相」也會透露出某些訊號。個性開朗外向的人通常會把手指打開，讓對方看他的手相；個性膽怯、小心翼翼的人伸出手掌的時候則會把手指併攏。這就是內在（性格）顯現於外在（攤開手掌的方式）。

有一位女教練為了向對方展現出自己願意敞開心扉的態度，所以就反過來利用這一點，**盡量在對話的過程中張開手臂與打開手心，也不會一直把雙腿併攏。**身為教練的她先敞開心扉，對方也會比較容易打開自己的心。所以，這位女教練說她基本上都是穿著褲裝去工作，幾乎不會穿裙子。

另外，當工作談到一個段落時，跟對方說：「你會不會覺得有點熱？不妨跟我一樣脫掉外套吧。」然後自己先脫下西裝外套的話，同樣也有向對方展現誠意的效果。因為脫下外套就跟脫下鎧甲一樣，都能默默地向對方傳達出自己已卸下防備的意思。**當對方脫下他的外套時，那就代表他也卸下了防備，願意對我們推心置腹的意思。**

討人厭的人坐著跟人講話時都習慣無意識地翹腳、抱胸。或許他們是因為心裡緊張才會有這樣的表現，但這也會向對方傳達出「我對你有所防備」的意思。

用表情、稍微張開的雙手及雙腳，發送「我願意對你敞開心扉」的訊號！

09 建立「N・H・K」的動作習慣

在日本的商務禮儀當中，個人的言行舉止及用詞遣字有個重點叫做「N・H・K」。N表示笑容可掬，H代表精神奕奕，K代表動作俐落。

在商務的世界裡，客戶的時間最寶貴。電話保留時間太久多少會感到不耐，覺得好像被晾在一旁。日本有句話說「電話響鈴超過3聲是公司的恥辱」，因此，大部分的日本公司都會在3聲以內接起電話，為的就是不讓客戶久等。

就業輔導中指導面試準備時，我發現有些人雖然會注意關門及入座時的禮儀，但動作卻非常緩慢。應試者關門跟入座的動作太慢的話，等於要讓面試官等他們做完動作才能開始面試。如此一來，就沒辦法給人留下動作俐落的印象。而其實，許多遲遲無法順利就業的人都有駝背、走路拖地等特徵。走路的確是沒必要像模特兒走台步一樣，但在短時間內決定是否錄取的面試場合中，觀感不佳的走路姿勢就會成為致命傷。某位人事部門的人說：

「在面試時，光是從應試者的走路姿勢就能決定要不要錄取這個人。」

在一些老套電影裡，小混混角色都會手插口袋，走路還會外八；相反地，文質彬彬的角色走路時則是抬頭挺胸，展現精神奕奕的樣態。當一個人走路的姿態猶如和煦的春風拂過，自然就會給人留下好印象。另外，走路的步伐要大，也不要讓鞋履發出噪音。順帶一提，幹練的飯店人員會在鞋底貼上靜音貼，因此即使疾步行走也不發一響。

走路的速度慢，步伐又小，就不會有風吹過的感覺。因此，必須有一定的速度。

美國心理學家——尼倫伯格博士，就根據走路方式分類性格，表示**走路方式也能反映出一個人的性格**。他將性格分為好幾種類型：走路速度快且手臂擺幅大的人屬於目標志向型，做事勤勉，總是迅速俐落完成工作；走路時總是把手插在口袋裡的人屬於性情乖僻的類型，愛批評別人、吹毛求疵等等。

人的外在（行動）必定反映出其內在（內心），怎樣都隱藏不了。甚至，光憑部分的行為就能反映出一個人的整體樣貌。走路敏捷俐落的人在做事時肯定也會乾脆俐落；而拖拖拉拉的走路方式則反映出內心散漫拖延的一面，所以也別想指望這個人的工作速度會有多快。

別人看著你的走路方式（外在）時，就會默默地在心裡推測你的性格（內在）。

行步如飛，讓春風吹拂而過！

10 避免造成氣味騷擾的正確做法

讓現代中年男性特別在意的事情之一，就是身上有沒有老人臭。現在也盛傳許多關於消除老人臭的小技巧，例如：把耳後的皮膚清潔乾淨，就不會產生味道等等。最近的中年主管也會格外注意自己身上的味道，免得被公司裡的年輕同事嫌棄。

A先生畢業於體育大學，現在仍擔任少年棒球隊的教練。暑假期間，有時會一早就跟棒球隊的孩子一起練習，或是去田裡幫忙等等，經常把自己弄得滿身是汗。A先生為了不讓自己身上的汗臭、體臭造成別人的困擾，特別選了有香味的頭髮造型產品整理好頭髮再去上班。不過，其實對於公司裡的同事來說，A先生使用的頭髮造型產品才是真正造成氣味騷擾的氣味來源。

所謂「氣味騷擾」，指的是透過氣味令身旁的人感到不適、造成困擾的行為。這種騷擾的特徵是當事人通常毫無自覺。

氣味來源有體臭、口臭、香水或衣物柔軟劑的香味等等。當這些氣味瀰漫在密閉的空間時，有人就會感到不舒服，工作效率也因此受到了影響。

A先生注意到自己的體臭問題，才特地以頭髮造型產品的香味掩蓋味道。然而，人體本來就會發熱，全身的味道容易集中在頭皮——A先生並不曉得這回事，反而不小心讓自己散發出混雜了頭髮造型產品香味以及體臭的味道，所以才會被公司同事嫌棄。

站在心理學的角度，氣味同樣容易與記憶產生連結。例如：當聞到消毒水的味道時，會不會想起國小上游泳課的時光，或是在醫院打針時的回憶呢？**氣味會與記憶產生深刻的連結**，一旦給別人產生「臭味＝你」的連結，再想讓對方喜歡你可就不是一件簡單的事。

其實，我們沒必要往自己身上添加香味，只要讓自己「不發出臭味」就足夠了。一位專治口臭的牙醫師說：「在意口臭的人通常會嚼口香糖或使用一些沒必要的產品掩蓋口臭，結果反而讓口腔的唾液變得更少，口臭的問題就更加棘手。」乾淨沒有異味也是基本的口腔禮儀。

日本的地下鐵列車冬天時大多會開暖氣，有時如果坐在我旁邊的男士噴了過多香水，也會令我感到很不舒服。因為，車廂內的溫度會讓香水的氣味變得更加強烈。當下都會覺得，為什麼他們就不能「別再製造更多味道」呢？

禮儀的基本是沒有異味。別做多此一舉的事！

11 待人接物的方式會影響好感度

心理學認為**「一個人的整體樣貌都會顯現在每個小細節」**。

例如：房間亂七八糟的人（大的整體樣貌）出門帶的包包（小的細節部分）肯定也是亂七八糟。相反地，一個喜歡維持整潔乾淨的人，不論是房間還是包包都會保持整齊。同樣地，對待物品的方式也會反映出一個人的本性。

B是補習班的TA（教學助理），也就是協助講師進行教學工作的助理。經常有補習班的學生說：「那個TA感覺好可怕。」原因就出在B對待物品的方式。

例如：補習班都會把發給新生的資料裝在信封袋裡，而B在發信封袋的時候，都會大力地把信封袋放在學生的桌上，發出「碰、碰」的聲響，讓人覺得他把信封袋扔到桌上。他當然不是故意用丟的，單純只是因為急著把資料發完，所以動作就比較隨便。

相反地，販售名牌包等精品專賣店的店員對待物品的方式則截然不同。這些精品包不光是店內的商品，有朝一日更會成為客戶的物品。因此，他們非常慎重對待這些包包，拿取時還會戴上白手套，以免沾染上自己的指紋。因為，他們知道這樣做的話，客戶就會有種

「他們謹慎對待商品，同時也是給予我尊重」的感覺。這樣一來，客戶自然就會開心地在店裡選購，昂貴的商品也能順利賣出。

假如B曉得「對待給學生的東西」就會讓學生感覺到「自己如何被對待」，也許學生對他就不會有這樣負面的評價。這就是一開始說的「見微知著」。

日本岐阜縣有間拉麵店總是大排長龍，這間店的老闆包辦了店內的大小事，從煮麵到整理店面，都是一個人完成。老闆將店裡整理得有條不紊，就連碗公也都擺放得井然有序，環境維持得相當乾淨。不論店裡的生意再忙碌，只要有客人上門，他都會大聲地打招呼說：「歡迎光臨！」老闆的待人接物如此細心周到，親手煮的拉麵當然也會好吃。

一個人時時用心對待他人、事物的態度、心意（整體）都會顯現在每一個舉動之中。**若只是改掉一部份草率的行為（部分），很快就會再出現其他魯莽的舉動**。真正意識到謹慎用心待人接物的重要性（整體），行動（部分）自然而然就會有所改善。想法改變了，展現出來的行動就會不一樣。

待人接物要時時保持用心謹慎的態度！

12 讓自己與對方有相似的部分

什麼樣的人讓人放心、值得信賴呢？

我在座談會上問到這個問題時，聽講者都非常踴躍地回答，有人說「笑臉迎人的人」，也有人說「價值觀一致的人」、「愛發言的人」、「不說廢話的人」等等。在各式各樣的答案中，存在著一個共通點——

那就是**「人對於與自己相似的人都會無意識地產生安心感及信賴感」**。

例如：覺得笑容很重要的人就會對愛笑的人有好感。與對方初次見面時，若知道對方跟自己是同間學校畢業的校友，是不是比較容易跟對方熟絡起來呢？心理學稱之為**「相似性效應」**，指我們會對於打扮、表情、行動、價值觀等等與自己相似的人產生安心感及信賴感。

那麼，為什麼我們對於與自己相似的人會產生安心感及信賴感呢？

其實這跟人類在古老以前的生活有關。在遠古時代裡，人類一旦碰上完全沒見過的動物，說不定就被偷襲而一命嗚呼；不熟悉親近的聚落、部族之間，則有可能發生戰爭導致喪命。所以，看到跟自己沒有相似處的人就會覺得有危險、反之相似的人就會感到安心，都是出自於本能的反應。

想建立起信任關係，就必須讓對方產生「我跟你是同類」的感覺。**就算是初次見面的人也一樣，想在短時間內讓對方產生安心感或信賴感的話，最重要的就是找出彼此的共通點或配合對方。**

NLP將這樣的概念稱為「同步（Pacing）」，這是建立「信任關係（Rapport）」的基本技巧。方法是配合對方的呼吸節奏、肢體語言、講話速度等等，在不知不覺之中建立起深厚的信任關係。

討人喜歡的人會自然而然地與對方同步（Pacing），而討人厭的人則容易在不自覺間與人不同步。想要與對方同步，首先就必須把注意力放在對方身上，好好地看著對方，聽對方講話。若是不了解對方，別說是找到彼此的共通點，也不可能做到與對方同步。

✿ 要先找出自己與對方的共通點！

13 控制無意識的想法及動作

找出彼此的共通點比較容易讓對方產生安心感與信任感，但實際上很多人都是第一次見面，彼此都是來自不同的地區、不同的學校。那麼這時又應該怎麼做才好呢？

其實，最重要的就是理解意識及無意識的關係。意識就是經過頭腦思考、透過語言表達，無意識就是出自身體的感覺。

人在思考時會透過語言表達，喃喃著：「不是這樣」、「不是那樣」等等，就代表這個人處於意識的狀態下。相反地，嬰兒就是一種無意識的生物，還不懂得開口說話。小嬰兒雖然不會思考，但他們可以去感受。只要媽媽不在身旁，小嬰兒就會感到不安，因為他們透過肌膚的感受發現媽媽不在身旁。不過，由於還不懂得思考，所以並不會形成「媽媽可能在忙，過5分鐘還不來的話，我再哭吧！」的想法。同樣地，大人也偶有無意識的時候。「總覺得依依不捨……」、「心裡感覺忐忑不安……」、「喜歡這個人，討厭那個人」等等個人感受，不是什麼道理或想法。

「意識＝思考的我」，而「無意識＝感受的我」。你認為自己在平常是有意識的狀態多，還是無意識的狀態多呢？許多人針對這個問題做研究，結果也各不相同，**有研究結果指出，人在有意識狀態與無意識狀態的比例大約為1：9，無意識對於人帶來的影響，必定遠遠超過意識帶來的影響。**換句話說，能夠主宰人際關係的人都有辦法控制無意識狀態。

有意識也就是進行思考、以言語表達。在與對方建立信任關係時，仿照對方的用字遣詞固然很重要，**但更重要的還是要迎合對方無意識的部分，也就是呼吸節奏、一舉一動、說話速度等言語之外的部分。**

在咖啡廳裡通常可以一眼看出哪對情侶的感情好——感情好的情侶，兩人會同時拿起飲料，或是一個人拿起飲料後，另一人也跟著拿起飲料。這就是一種自然的同步。人都會不自覺地與喜歡的人同步。不過，溝通能力卓越的人不管是面對喜歡的人還是討厭的人，都能理解無意識的性質，有意地與對方同步。正因如此才會討人喜歡。

討人厭的人不會去在意無意識的影響力，總是做出與對方不同步的言行舉止。也就是說，能控制無意識的人就能建立起成功的人際關係，而被無意識掌控的人則注定在人際關係中成為失敗者。

也要配合對方言語之外的行為舉動！

14 配合對方的手勢及速度

人很多無意識的舉動都是可以同步的目標。

例如手勢。假設你是一個業務員，當客戶是個肢體動作很豐富的人時，如果你也能夠配合對方肢體動作的幅度，就會更容易在短時間內與對方建立起信任關係。因為**透過與對方的手勢形成同步，就能向對方傳達「我與你是同類」的訊息**。

講話時喜歡配合很多手勢的客戶，也許會覺得手勢少的業務員「表達不夠積極，沒有服務精神」；相反地，講話時手勢不多的客戶可能就會覺得誇張地比手畫腳的業務員「給人沉不住氣的感覺」。

講話的音量大小也是一樣。說話時聲音洪亮、口齒清晰的人就會覺得說話小聲又含糊不清「對自己沒信心」；相反地，說話輕聲細語的人就會覺得大聲說話「吵鬧又粗魯」。

除此之外，當客戶說話習慣使用敬語時，就會覺得不使用敬語的業務員「說話很沒有禮貌，故意裝熟」；相反地，說話直率不拐彎抹角的人就會覺得講話時都要拘謹地使用敬語的人「一板一眼又難以親近」。

說話的速度也一樣。說話速度快的人可能會覺得說話慢吞吞「腦筋轉得不夠快」；相反地，說話慢條斯理的人或許也會覺得講話時劈里啪啦「一點都不穩重，完全聽不懂在說什麼」。

不曉得各位有沒有這樣的經驗——接下來還有事情急著要做，結帳時卻碰上了動作慢吞吞的店員慢條斯理地結帳，讓你心急如焚呢？這就是很常見的不同步。**動作快的人就比較容易因為別人的動作慢而感到焦急**。不管在什麼樣的情況，配合對方的速度都是人與人相處時最重要的一件事。

我們往往都會不小心就照著自己的步調來做事，這樣就只能與步調一致的人建立信任關係，等於被自己無意識的動作影響了與人的相處。

成為討人喜歡的人，就得知道要掌握並配合對方的步調，效仿對方無意識的行動，積極地與對方建立起信任關係。

與人相處別只照著自己的步調！

15 要懂得應變及調整

呼吸節奏、手勢、音量大小等等與對方同步（Pacing），就能讓對方在短時間內產生親切感。不過，通常在同步時容易犯一個錯誤——「完全複製」對方的動作。

例如，身為業務員的你，面對與公司有生意往來的老闆時，看到對方翹著腳，所以也同樣翹起腳的話，說不定對方會覺得「這個業務員真是自大」。所以，像是這種情況，只要做出有共通點的動作就好，例如：對方翹腳的話，就把兩隻手臂交叉放在桌上等等，做出同樣都是「交叉」的動作即可。這樣一來，就不會顯得太過失禮。

完全模仿對方的動作會讓人感覺很不舒服。同步（Pacing）的基本是做到60～70%的模仿程度即可。假如模仿得太不自然，連對方都覺得「這個人難道是在模仿我」就不好了。動作太過刻意不自然的人本來就討人厭。

我以前在學諮商的時候就遇過。有時我會把頭髮紮起來，結果跟我同一組的人也學我把頭髮紮起來。那時我就親身體會到100%的模仿真的會讓人產生「這個人好故意，好不自然……」的感覺。

所有的心理學都是半成品。即使都有各自的理論、方法，但要運用在日常或工作上的話，就必須按照自己的需求進行調整，才能夠成為完成品。100％的模仿並不是應用，完全照著教科書教的內容去做肯定行不通。

在電影《不可能的任務》中，當主角死裡逃生後，他的夥伴問他：「你在那麼危險的狀態下怎麼會想到那個方法行得通？」他說：「我沒有想，就是隨機應變！」主角是一名特務，他受過各種訓練，都是為了能在危險時刻突破重圍。但如果只是依樣畫葫蘆，在訓練中怎麼做，實際上也怎麼做的話，肯定沒辦法讓他一次又一次從實際的危險之中全身而退。所謂的隨機應變也就是應用所學，而隨機應變的能力更需要的是直覺而非思考。

李小龍也說過：「別去想，去感覺！」這句話跟心理學說的「要使用潛意識，別使用意識」含義是一樣的。

與人溝通時不僅要以理論100％的意識去思考，還要加上無意識的直覺。這麼做就是讓無意識助自己一臂之力。有辦法把無意識變成助力的人，自然就會讓人喜歡。

模仿對方動作的60～70％就好！

16 穿著打扮也要同步

也許有很多服裝都能讓自己看起來更有魅力，但如果想要讓團體或組織樂意接納我們的加入，那麼在穿著打扮方面也必須與對方同步（Pacing）才行。

分別有兩位ＩＴ企業的老闆，公司在他們的帶領下都快速地成長，而我認為能讓這兩人分出高下的關鍵之一，就在於穿著打扮。

Ｈ老闆不論什麼場合都穿著黑色Ｔ恤，保持一貫不修邊幅的打扮。Ｈ老闆的頭腦很好，經常想到新鮮有創意的好點子，卻完全不會配合他人。從他一貫的穿著打扮就能看出堅持自我風格的態度。所以，他雖然富有才能，卻樹敵眾多。

相反地，Ｍ老闆則會根據對象及場合做出不同的應對，是一個身段柔軟的人。從穿著打扮到一言一行，都展現出他在待人處事上的靈活應對。因此，他便不會在無意之間樹敵。所謂「無敵」並不是指一個人強大得無人可敵，而是指一個人不會無端樹立敵人。

有一位經營者很喜歡視覺系音樂，穿著打扮也像視覺系藝人一樣，導致總在眾多經營者的場合上讓初次見面的人產生警戒心，覺得他這個人「穿得像個牛郎一樣」、「老是穿著這種鞋頭很尖的皮鞋嗎」，也讓他為此感到相當煩惱。其實原因就在於，年紀稍長的經營者都會穿上與多數人調性接近的服裝出席這些場合，而這位喜歡視覺系音樂的經營者在穿著打扮上卻沒有做到與其他人同步。

想要開拓更多人脈，還是想要貫徹個人風格，心中對於這兩件事的優先順序也會影響服裝的選擇。

A小姐是一名稅理士，最近在資金的周轉上有些困擾。她在公司的網頁上介紹自己是「支援成功經營管理者的稅理士」，而她的照片是她穿著荷葉邊襯衫搭上一件無領西裝外套的樣子。男性的經營者通常都是身穿量身訂製的有領西裝外套與襯衫。也就是說，荷葉邊襯衫與無領西裝外套都是比較女性化的服裝，帶給人柔和、不爭的感覺。假如A小姐的目標鎖定在女性客戶的話，那麼這套受女性歡迎的服裝就沒選錯。

不過，如果她想把目標鎖定在男性客戶身上的話，那服裝也要展現出能在商場上致勝的強勁力量。在這種情況下，跟男性一樣的有領西裝外套及襯衫就會是更好的選擇。

通常討喜又備受肯定的人對於服裝的同步都可以掌握得非常恰當。

穿著打扮也要與對方的穿著或氛圍同步！

17 先同步，再引導

要與人建立信任關係就必須學會同步（Pacing），如果是領導者的話，還必須具備引導（Leading）的能力。心理學將這兩項技巧稱為同步＆引導。同步指的是協調一致，引導指的是指引帶領。

我之前在做社福方面的諮商時，曾發生過一個情況。一位諮商師在諮商的過程中都帶著親切的笑容，結果對方卻跑來客訴他，說「那個人把我當成傻子看待」。在一般的情況下，帶著笑容是正常且禮貌的應對方式，但對於面有憂色、帶著困擾前來諮商的人來說，對方的笑容就不會與他們的狀態產生同步。

來諮商的人如果情緒低落、語氣低沉，那麼諮商師也應該配合對方的狀態，先以低沉和緩的語氣說話。等到諮商師以眼神交流讓對方卸下心防後，再慢慢切換成比較正面、積極的態度及語氣。這樣一來，對方也會受到諮商師的引導，慢慢地脫離本來的狀態，說話的樣子也會比較好一點。

上司把情緒低落的下屬找來談話的時候也一樣。**突然對下屬說：「你別這麼煩惱，打起**

精神來！跟我去喝一杯啦！」就是一種不同步的表現。這時最重要的應該是先跟對方站在同一陣線，配合對方當下情緒低落的氛圍，再開口詢問：「你怎麼了？發生什麼事了嗎？」要先同步，接著再引導，這就是與引導的基本技巧。

日本的國中、小都設有保健室，在保健室裡接待孩子的老師稱為「養護教諭」。有一位學生跟朋友吵架之後，氣沖沖地走進保健室，保健室老師看著他的樣子，覺得自己應該要冷靜地跟他說話，所以就用冷靜沉穩的語氣問：「發生什麼事情了嗎？」但是，學生卻對他說：「老師你根本就不了解我的感受！」這就是老師與學生在情緒上不同步的結果。這名老師首先要做的應該是與這位氣沖沖走進保健室的學生有情緒上的同步。

如果老師也先配合學生的情緒，用比較激動的口氣問：「你怎麼了!?」然後再慢慢地回到比較和緩冷靜的語氣，先在情緒方面產生同步的話，這位學生應該就會覺得「老師真的能理解我的感受」。

如果總是先引導才同步，與人溝通時就容易產生許多障礙。

先接近對方的心！

第 2 章

談吐 篇

18 在分享自己事情的同時，也應該問候對方

人往往更關心與自己相關的事情。人類就是這樣，即使知道地球彼端有人生活貧困，但如果自己正因牙痛而坐立難安，就會更關心蛀牙，而非遙遠的他人。

寵物狗被主人捧在手心上，正是因為牠們會對主人展現出強烈的關心。有些狗狗光是看到主人回家，就開心得上竄下跳，表現出看見主人的喜悅。所以，要建立良好的人際關係還有個重點——那就是如何讓對方感受到我們的關心，不僅止於在意自己。

跟交往無法長久的人在傳ＬＩＮＥ的訊息給對方時，通常都會說完自己的事情就結束。像是：「我今天去了公園」、「我今天吃了漢堡」這種簡短的訊息。

如果他們在打訊息的時候還能加上一點問候對方的話，例如：「今天的天氣真好，你在做什麼呢？我現在在公園散步」、「這間店的漢堡很好吃，下次我們再一起去吃吧」等等，也許情況就不一樣了。

有位女性明明才剛搬新家不久，男朋友聊天時卻總是自說自話，例如「我今天因為○○所以來露營」而完全沒有關心她，連句「搬家的事情忙完了嗎？」或「新家整理好了

嗎？」的關心都沒有。

其實男友也沒有惡意，只是跟別人聊天、溝通時的表達都比較笨拙一些，能想到的，就只是把自己的事情全盤跟對方分享。

但是，女朋友就會覺得自己搬家這麼辛苦，結果卻連一句問候關心的話都沒有，是不是不在意她——最後反而造成他們的感情降溫。

人本來就會特別在意跟自己有關的事情。所以，**對於主動在聊天時開口問候、關心自己的人就會產生好感**。關心的箭頭指向他人的人往往更具有影響力。

討人喜歡的人就會特地將對方關心的事情告訴對方，例如：「你之前說過你對○○的讀書會很有興趣，這個周末剛好會舉辦喔」。甚至對方身體不舒服的時候，也會去關心對方：「你身體還好嗎？」

美國作家戴爾・卡內基也說：**「若想獲得一段友誼，重要的不是如何去吸引對方的注意，而是真誠地去關心對方。」**

總是說完自己的事情就結束話題，就會讓別人覺得他是個只在乎自己的人。

發送出你關心對方的訊息！

19 關心對方關心的事

討人喜歡的人、受歡迎的人都會認真記住對方說過的話。

聽到自己喜歡的人說：「我真的超喜歡吃貝果。」受歡迎的人就會在下次約會的時候把地點訂在專賣貝果的甜點店，或是特地買貝果當禮物送給對方。而且，還會在恰當的時機提起——因為你之前說過你很喜歡吃貝果。讓對方回想起這件事；

人都會在意或關心自己的事情。所以對方如果記得自己說過的話，就會讓人覺得很開心。**在聊天過程中主動提起對方關心的事：「你之前提過○○對吧！」就會達到這樣的效果。**在工作方面也是一樣，對方如果正在想新商品的企劃，把一些有參考價值的新聞剪報或雜誌內容拿給對方，對方應該也會很高興。就算這些簡報沒有派上實際用場，只要跟對方提起：「你之前跟我說過你在想○○的企劃，所以想說這些能不能幫上你的忙。」讓對方回想，對方也會感受到你在關心他的工作，進而產生好感及信任感。

有一位朋友是個頂尖業務，只要有人跟他聊到「我現在因為○○在煩惱」，他就會把有能力解決這個煩惱的人介紹給對方。當然，並不是對方主動拜託他才這麼做，而是先主動告訴對方：「我之前聽你說你為了○○在煩惱，A是我認識的一個朋友，也許有辦法可以幫你解決，需要我把他介紹給你認識嗎？」

他**總是會幫對方尋找有用的資源，然後幫忙居中牽線。**如果是只關心、在意自己的人，就不會像他這樣做。

能做到主動提起對方說過的事，代表平時就清楚地從對話當中注意到對方在意的事情是什麼。想要做到這一點，就必須具備傾聽的能力。傾聽就代表自己在對話時將關心的箭頭指向對方。一般認為具備領袖氣質的人都不是本位主義的人，就是因為他們的關心箭頭都不是指向自己。

身為頂尖業務的他靠著主動為他人分憂解勞的舉動感動客戶，所以客戶就會再把他介紹給身旁的親朋好友。後來，他的事業因此做得愈來愈大，形成了一個好的循環。

討人喜歡的人並不是因為為別人做了特別的事，而是因為懂得去關心對方所在意的事情。

傾聽對方說的話！

20 不必一直強調自己在意的事

討人喜歡的人與受歡迎的人都會透過對話或行動找出對方的喜好，而討人厭的人就做不到這一點。

A跟B參加都同一間長壽飲食（Macrobiotic Diet）的料理教室，A的朋友很少，B則是個開朗又親切的人，料理教室的同學也都很喜歡他。

A很想跟B當朋友，卻不是很順利——他這個人本來就愛抱怨，總是把「糙米不好吃，我家的人都不吃糙米」、「滷菜跟所有的菜一定都要加砂糖才會好吃」掛在嘴邊。長壽飲食本來就是以糙米及蔬食為主要的飲食方式，而且也不會使用砂糖進行調味。大家都是因為喜歡這種飲食方式才來上課，A卻一直在批評、否定長壽飲食法，就會讓其他同學覺得A這個人也在否定自己。

A是因為自己把身體弄壞了，才下定決心學習健康的飲食法。也就是說，A並沒有嫌棄長壽飲食法的意思。

有一次A要請B喝飲料，果然就被B找理由拒絕了。

喜歡對方的話，就應該先投其所好，關注對方的興趣或喜好。沒辦法先把自己的興趣擱在一旁的人，自然沒辦法讓對方喜歡。

之前我擔任某一場聯誼的講師，並跟著大家一起去採蘋果。有一位參加活動的C小姐本身就不受男性喜歡，她在採蘋果的活動中又說：「我不喜歡吃蘋果，不曉得蘋果哪裡好吃了。」不過，會參加活動的人應該都是喜歡吃蘋果的人，也是積極參加各種聯誼活動的人。所以一聽到C小姐這麼說，他們的興致自然也會變差。果不其然，最後C小姐在這場活動中並未配對成功。

A與C有個共通點，那就是他們在談話中都只表現出自己在意的事情，不會去考慮對方喜歡什麼、關心什麼。他們都把關心的箭頭朝著自己，但如果不把關心的箭頭朝向別人，就無法對別人造成任何影響。**否定對方關心或在意的事情，就等於是否定對方的價值觀。**

尊重對方的喜好及價值觀，才會讓人喜歡並接近。

✤

別人想的跟你想的不一樣！

21 清空桌面也能拉近心的距離

心理學認為外界的事物會影響內心，而內心則會反映在外在的表現上。例如：壞掉的日光燈一閃一閃時，就會讓人莫名地煩躁，這就是外界事物在影響人的內心。壓力過大引起腸胃不適時，臉上會冒出一顆顆的痘痘，這就是內心的狀況顯現在外在的狀態。

假設現在有2個人隔著一張桌子面對面坐下，而且桌子上放著一個裝著餐具的容器。然而，桌上這個小小的容器其實就會成為一道障礙，讓這2個人在物理上形成分隔兩處的狀態。**當外界的障礙物隔開彼此，雙方也會因此拉開心理上的距離。**因為外在與內在一直都是分不開的狀態。

在一些與心理相關的專題討論課上，不論是講師還是聽講生都是圍成一圈，大家都只坐著椅子，面前沒有桌子。撤掉桌子是為了消除講師與聽講生之間的障礙物，進而拉近彼此在心理上的距離。圍成一圈也是為了讓大家沒有障礙地進行討論。

假如辦公室的座位右邊坐著一個跟自己相處不來的同事，有些人就會把資料都放在桌面的右手邊，藉此疊成一座高塔，默默拉開與對方的距離。這樣的舉動代表自己不論在物理上還是心理上都想與對方劃清界線。**「內在＝內心想法」一定會顯現在外在的舉動。**

日本知名的讀心師Daigo能看出別人是否在說謊，因為他會從對方細微的動作及表情解讀對方的內心是否在動搖。人的嘴巴可以說謊，但無意識的動作騙不了人。**想要拉近與對方的心理距離，首先必須做的第一件事就是清除桌上的障礙物。**吵到讓人聽不清對方說話的噪音、讓人聞了覺得不舒服的味道，其實也都算是障礙物。

討人喜歡的人都會敏感地察覺到這些阻擋在對方與自己之間的障礙物，一定會先排除障礙再開始與對方交談。而且，動作還要保持自然不刻意，不讓對方有所察覺自己在撤除這些障礙物的話，對方也在不知不覺之間感到更加安心。

相反地，討人厭的人只會專注在自己想講的事，幾乎不會察覺彼此之間是否有障礙物。一個人能不能得到對方的青睞、信任，其實在開始對話之前就已經決定好了。

在開始聊天之前，先確認彼此之間有沒有障礙物！

22 關閉對方的過濾對話功能

討人喜愛的人通常都是個很棒的聽眾，也懂得怎麼附和對方。一般的人在附和對方時都習慣只回應「嗯嗯」、「對啊」，但這樣就無法關閉對方的過濾對話功能。首先最重要的就是要像鸚鵡學舌一樣覆述對方說過的話。

在心理學上，鸚鵡學舌是諮商時最基本的傾聽技巧，也是與諮商者建立信任關係（Rapport）不可或缺的一環。

當A說：「我上個星期去義大利旅行喔！」

B回答：「是喔！你上星期去義大利玩了喔～」

像鸚鵡學舌一樣覆述對方說的事情，會提升對方對你的信賴感。我們的潛意識會將來自外界的情報區分成「可以接收的好消息」以及「不可接收的壞消息」。

也就是我們在聽別人講話的時候，都會自動開啟過濾對話的功能。換句話說，只要讓對方認為你說的是「可以接收的好消息」，對方就不會過濾掉你說的話。我們來分析一下剛剛的例子吧。

A說：「我上個星期去義大利旅行喔！」

B回答：「是喔！你上星期去義大利玩了喔～」

A再回答：「恩，對啊。（OK）」（無意識）

當你像鸚鵡學舌一樣覆述對方說過的話，對方就會無意識地做出「嗯」、「對啊」等等代表「OK」的回應。這樣一來，對方就不會開啟過濾對話的功能，因此會更容易接受你說的話是「可以接收的好消息」。

創造出讓對方只能回答「對啊、是的」的對話，讓對方敞開心扉，這種對話技巧在心理學上稱為**「YES SET」**。例如：當你要邀請喜歡的人去約會時，先讓對方不停地回答「YES」，完全停止對方過濾對話的功能以後，再開口說：「那我們下次去約會吧！」對方回答「YES」的機率就會增加。討人喜歡的人都很懂得如何創造「YES SET」的對話。

討人厭的人不懂得在對話時像鸚鵡學舌一樣覆述對方說過的話，還會讓對方不停地出現「NO」的答句，最後才開口說出自己想拜託對方的事，所以當然不容易讓對方點頭答應。

像鸚鵡學舌一樣地覆述，讓對方無意識地回答「YES」！

23 像金平糖一樣的同步

A說：「你知道哪裡有洗手間嗎？」

B回答：「你想上廁所嗎？」

各位也會像這樣回應別人嗎？這樣的回應方式通常都會惹怒對方。明明可以明確回答卻不這麼做，是很不恰當的回應。而且，當對方說的話比較長的時候，也要注意話中的重點。

「其實，老毛病的腰痛又發作了，痛得我受不了。我想去看醫生，不過最近才剛換工作，公司那邊不太好請假……。看到同事都在忙，我就更不好意思開口說要請假……」

像這樣的對話內容，你覺得對方最想表達的是腰痛還是公司不好請假呢？抓住對方話中的主訴是非常重要的一件事。這時，B如果回應的是「原來你會腰痛啊？」，A就會針對腰痛的事情回答得更詳細。**針對哪個部分回應會讓接下來的對話有截然不同的走向。**

假如第一次抓不到回應的重點或主訴也不要緊。人都會一再重複提起自己想表達的事情，直到對方發現。

假設A想說的是關於請假的事，他就會回答：「對啊，我有腰痛。所以如果公司在請假這方面的氛圍不要讓人那麼緊張，那就好了。」他的回答便會出現關於請假的關鍵字。這時B再一起加入關於請假的話題，A就會覺得對方懂他，並且願意打開自己的心扉。

前面聊到手勢的時候也說過，完全模仿對方的動作會讓人覺得不舒服，這一點在對話也是一樣。日本有一種古早的糖果叫金太郎飴，由長條柱狀的糖塊切成小小塊，每一塊糖的斷面都是一樣的圖案。100％的模仿可以比喻成金太郎飴式的同步，就像金太郎飴不管怎麼切都是一樣的圖案。

程度在60～70％的模仿才是自然的同步。金平糖也是日本的傳統零食，每一顆糖的形狀、顏色、大小都不一樣，所以60～70％的模仿可以比喻為金平糖式的同步。就像金平糖看起來都長得一樣，但實際上每一顆的形狀都有微妙的不同。意識到對方話中的主訴並在同步時做出些微區別，這種金平糖式的同步不僅自然，還能讓人感到安心。

自然地覆述對方說過的事！

24 就算是事實也別直言不諱

人都希望別人能夠理解自己。對事實直言不諱的人通常很難打動人心。之前，我在一間服飾店挑外套的時候，我說：「這件無領西裝外套還不錯，不過我不要藍色的，要是有米色的話當然最好。」結果店員直接回答我：「這款外套沒有米色的。」

店員的這句話當然沒錯，站在店員的立場來說，他只是表達真實的情況，並沒有惡意。不過，後來我就沒有在這間店買任何一件衣服。

以心理學來說，客人通常都是覺得開心才會付錢買東西。當店員沒辦法理解自己的心情時，就會讓人覺得不開心。當時要是那個店員理解我的心情，跟我說：「原來您偏好米色的西裝外套啊。實在很抱歉，我們店裡沒有進這一款的米色外套。」或許我還會在那間店購買其他件衣服。

這跟店裡實際上有沒有米色西裝外套並沒有關係。最重要的是店員可以理解我「想要米色外套」的心情。**客人要的並不是店員糾正事實，重要的是店員能否理解客人的心情。**不會惹是生非的人在這方面都很厲害，而好管閒事的人就會忍不住去糾正別人。

搭乘飛機時，如果問空服員：「請問你們有沒有中日新聞的報紙？」這時空服員並不會直接回答：「本班機沒有準備中日新聞的報紙。」而是先回答乘客：「好的，請您稍等一下。」然後再去拿幾份報紙過來，告訴乘客：「真的非常抱歉，這班飛機並未準備中日新聞的報紙，這裡有讀賣新聞及日經新聞的報紙，不知您是否願意換成其他報社的報紙呢？」空服員先理解乘客的心情，所以乘客就不會去投訴空服員。

而且，**沒辦法回應對方的請求或願望時，如果能提供替代方案，被客訴的機率就會更低一些。**有一位老師都能把學生家長的投訴案件處理得非常好，他在面對學生家長時都會先體諒對方的心情，告訴對方：「原來是這麼一回事，我非常能夠理解您的心情。」有時如果直接表示「我會處理的」反而會沒辦法順利解決事情。這位老師就是先理解對方的心情，避免讓情況變得更難收拾。

討人喜歡的人都會先說「原來是這樣啊」，理解對方的心情。而討人厭的人都會立刻糾正對方的話，回答「不是這樣」。直言正論通常都沒辦法打動人心。

在糾正對方之前，一定要先同理對方的心情！

25 使用疑問句結尾

A說：「請幫我影印。」

B說：「請問你可以幫我影印嗎？」

你會比較爽快答應誰的請求呢？是A還是B？

大部分的人應該都會選擇B吧？

A的方式會讓人覺得被命令，自己沒有選擇權；B使用的是疑問句，回答的人其實可以選擇拒絕幫A影印，會讓人覺得自己有選擇權。

人都很討厭自己沒有選擇的權利。

舉例來說，在從前的身分制度嚴明的時代，如果統治者下令要處死你，你就必須受死。自己對於性命沒有選擇權是一件非常危險的事。因為這樣，現代的人如果直接被命令的話，也會下意識地感到抗拒。

我以前在公司上班的時候，主管也會用直接命令的形式交辦工作，例如：「這個你來做！」、「〇〇不用做！」等等。而且，講話的口氣還會非常強硬。這樣的說話方式當然會讓下屬覺得被主管強迫做事，所以下屬對於他交辦的工作都非常抗拒，沒有人願意幫他做事，結果這個主管最後就被降職。

討人喜歡的人都懂得用「疑問型＝問號結尾」的句子來表達自己的請求，討人厭的人則習慣用命令句跟人說話。

「請問你可以幫我影印嗎？」其實也是間接地命令對方，但因為選擇權在對方手上，所以對方不容易產生抗拒的心理，就會比較容易同意。這樣的方式稱為**「插入命令」**，是能夠給他人帶來影響力的言語技巧。

被譽為「現代催眠之父」的米爾頓．艾瑞克森因治好了連其他治療師都束手無策的案主而聲名大噪，他所使用的就是插入命令的言語技巧，直接影響對方的潛意識，讓對方毫不抗拒地就同意。

A的「請幫我影印」是直接命令，對方沒有選擇權，會產生反彈。

B的「請問你可以幫我影印嗎？」是間接命令，對方會比較容易同意。

同樣一件事由於句尾的語氣不同，給對方造成影響的程度也會有很大的差異。

要讓對方有選擇的空間！

26

說話別太過耿直

積極參加聯誼的Ａ是位很帥氣的男性，只要去參加聯誼派對，都會給對方留下好的第一印象，所以總是能成功跟女性進一步發展成情侶。只是，一旦實際跟對方交往以後，通常都很快就會分手。哪裡出現了問題呢？原因就在於Ａ的個性太過耿直。

Ａ的身體本來就有一些老毛病，又經常吃炸物很多的便當，他的女朋友擔心他的健康，所以有一次就為他準備了一份以蔬菜為主的健康便當。Ａ的女朋友後來又幫他準備了好幾次的便當，有一次她想知道Ａ的感想，於是問Ａ：「你覺得我幫你做的便當很好吃、普通還是不喜歡？」Ａ回答她：「介於很好吃跟普通之間。」結果，她瞬間就失去了為Ａ做便當的熱情，後來再也不替Ａ準備便當。

Ａ每次被甩的最大原因就在於個性太過耿直。在面對女朋友的質問時，理科出身而且工作又經常與數字打交道的Ａ只是「耿直＝正確」地回答對方的問題，並沒有任何惡意。

「介於很好吃跟普通之間」這句話**表達出Ａ的感受，卻沒有考慮到對方的感受以及背後的情況。**

做菜時選擇煎肉或煎魚都會比較輕鬆。但她選擇幫A先生準備比較費工的漢堡排，而且比起一般的漢堡排，先把蓮藕磨成泥，再與山藥混合，做成蓮藕山藥漢堡排又更費時與費工。但為了A先生的健康考量，她還是早起準備做便當的食材。假如A先生能夠想到這份便當背後的辛苦以及女朋友的心情，那他的感想就不會是「介於很好吃跟普通之間」，而是「很好吃，我很喜歡」。

受歡迎的人都很有想像力。他們看到的不只是眼前的便當，還能發揮想像力看到製作時的辛苦與對方的用心，所以才能與對方建立起良好的關係。如果只是耿直地表達自己的感覺，就會缺少了一點溫柔與體貼。耿直表達是以自己為主軸，能夠想像對方的情況則是以他人為主軸，能以他人為主軸的話，自然就會多了溫柔與體貼。這種想像力是一種心的能量，當獲得這份能量的對象是對方而不是自己的時候，才能發揮出自己的影響力。

發揮想像力，發言要以對方為主軸！

27 對話是有生命的

會議簡報或面試不順利的人，通常都只是把事前準備的內容照唸出來而已。只想著把背好的內容全部唸出來，所以一旦說錯了一句話，後面就會不知道要接什麼才對。然後腦袋一片空白，整個人呈現當機的狀態。

而且，像這樣背稿的行為本來就無法讓人感受到說話者的熱情。想要打動人心的話，說話者就必須具備滿滿的熱情。

事前猜想對話可能出現哪些內容或對方會問哪些問題，是一件非常重要的事，因為這樣我們才會做好充足的準備。不過，真正上場時就應該把這些事前準備的內容全部忘掉，以臨場反應回答出當下需要的內容。

NLP將人在當下選擇的最佳狀態稱為**「無知狀態（Know nothing state）」**，指人在當下進入可以做出最佳表現的狀態中。

職業網球選手為了在正式比賽時得到最好的表現，平常都接受非常嚴格的訓練，正式上場時則心無雜念地專注於場上的比賽。所以，即使球速快到眼睛都快跟不上，他們還是能在一瞬間做出最佳反應，這就是進入無知狀態。

進行會議簡報或面試也是一樣，我們不可能完全掌握對方究竟會問哪些問題。所以最重要的是做好事前準備，**並在真正上場時專注於每個瞬間，讓自己能夠隨機應變各種狀況的出現，做出最適合當下情況的發言。**

直覺是活的。打個比方，壽司師傅把剛捏好的握壽司遞給客人，客人一拿到壽司就會立刻放進嘴裡，因為剛捏好的握壽司才是最美味的。拿到握壽司卻不立刻享用，一直放在手上捏來捏去的話，握壽司就會被捏爛，失去原有的美味。直覺也是一樣，心裡湧現的話若不立刻說出口，就沒辦法真正傳達給對方。一旦猶豫不決，還在想自己這樣講好不好？還是應該那樣說比較好？就會錯過最佳時機，讓最後說出口的話拖泥帶水，不夠簡潔有力。

對話也是活的。每一句話都要先釐清邏輯的話，對話的速度就會慢下來，哪怕只是慢了一拍，就會像未及時享用的握壽司一樣失去了新鮮度。能把直覺轉換成語言的人才會讓人喜歡。

以直覺開口表達！

28 掌握對話的本質

擅長與人對話的人都曉得對談時應該做什麼。

與人對話時有2大重點。

①掌握對方想說的事

②問題要讓對方覺得開心

只要能做到這2點，對話就會順利無阻。

人都希望別人能夠理解自己。即使不贊成對方的意見，也要同理對方的感受，表達「我明白你的想法」的態度，這是與對方建立信任關係（Rapport）的基礎，也是諮商經常使用的技巧。

人的能力會與心理狀態成正比，所以不論是希望對方幫自己解決問題，還是希望對方激發出更好的表現，最好都要讓對方保持愉悅的心情。

對話中的問題會左右人的心情。

例如：如果我們提出的問題是「你人生中最開心的事情是什麼」，對方就會因為思考的內容是關於是開心的事而擁有愉悅的心情；相反地，如果問題是「你人生中最糟糕的事情是什麼」時，則會讓對方因為思考的內容是關於不好的回憶而心情低落。心理學說**「問題的品質決定人生的品質」**就是這個道理。

不論是問別人的問題，還是詢問自己的自我問答，只要說出口的問題是負面的，就容易讓人心情低落，也影響表現；而說出口的問題是正面的話，則容易讓人擁有愉悅的心情，表現也會跟著變好。

有個公司的主管為了激發出下屬的工作熱情，還特地去買了教練式領導的題本來參考。不過，只是這樣做並無法真正解決問題。問什麼問題只不過是一種手段。

就發問的本質而言，最重要的是「要提出能讓對方愉快地回答的問題」。如果懂得這一點的話，自己自然就知道要問什麼問題。

人都喜歡了解自己的人，也喜歡看了就心情好的人。所以一定要懂得掌握對話的本質，提出能讓對方愉快地回答的問題。

想想「對方想說的話」及「怎麼讓對方愉快地回答！」

29 問題要針對未來

「為什麼會失誤呢？」追求原因是造物發展不可或缺的一環。但在人際關係中，太過追究原因反而不利於人與人的相處。

義大利有一間工廠之前一直有個困擾，那就是作業員在工作時都不配戴保護安全的護目鏡。一開始，他們為了解決這個問題，都是用追究原因的方式去問作業員：「你為什麼不戴護目鏡？」結果情況演變成像是警察抓壞人一樣，主管覺得「不戴護目鏡的人都不聽話」，作業員覺得「對員工咄咄逼人的主管是惡主管」。

後來，他們改變成**解決問題型的提問法**「怎麼做才會讓作業員戴上護目鏡」的方式去徵詢意見，便有人提出「訂製好看一點的護目鏡，說不定作業員就會願意戴」的想法。於是主管先訂製一批好看的護目鏡，發給一部份的作業員，請他們戴上這款護目鏡進行作業。結果，其他組別的作業員也紛紛表示「我們也要那種的護目鏡！」最後，整間工廠的作業員都願意戴上護目鏡工作。主管不再去追究作業員為何不戴護目鏡，著眼於解決的方式，而成功解決了作業員不戴護目鏡的問題。

像這樣著眼於解決方式並且成功解決問題的手法，是一種被稱為**「焦點解決取向(Solution Focused Approaches，也稱為焦點解決短期療法)」**的心理療法。

例如：主管以追究過去為焦點的方式質問下屬：「你為什麼遲到了！」只會讓下屬找藉口辯解。面對他人質問自己關於過去無法改變的事實時，人為了保護自己都會為過去發生的事情找藉口辯解。

假如主管使用的是以解決未來問題為焦點的方式詢問下屬：「你會怎麼做讓自己今後不再遲到，準時上班呢？」結果會是如何呢？這時，下屬應該就會開始思考不再遲到的方法。因為未來的事不受限制，他可以放膽地去思考解決的方法。

人在面對別人的質問時，都會把自己的心封閉起來，好讓自己不被傷害。當對方把心封閉起來，這時就算說再多也聽不進去。而且，還會讓對方漸漸回憶起過去失敗的場景或原因，深深覺得自己今後也無能為力，失去幹勁。人都不會喜歡會讓自己心情變差的人。

別用「為什麼這樣」的方式去質問對方，以「應該怎麼做會比較好」的方式提問可以讓人更有動力，覺得自己「或許我也做得到」。懂得這樣提問的人通常都會受到別人的喜愛。

別問「為什麼這樣」，要問「應該怎麼做會比較好」！

30 站在對方的立場，替對方感同身受

當對方非常生氣的時候，我會跟他說：「原來是這麼一回事。如果我是你的話，我肯定也會跟你一樣生氣。沒注意到你的感受，真的非常抱歉。」當我這麼說以後，通常對方也會反過來站在我的立場，說：「不，我不是在生氣。我自己也沒事先跟大家說好，真的很抱歉。」

這是因為**當我們站在對方的立場說話，對方自然也會換成客觀的角度在說話**。

心理學把能讓別人在不知不覺之中卸下心防的人稱為**「Opener」**。成為「Opener」的方法之一，就是設身處地，同理對方的感受。而**當我們希望對方能夠設身處地時，則要使用對方容易理解的方式反問對方**。

我之前得了癌症，有很多的方式可以治療，要動手術的話也有很多種方式可以選擇，讓我實在不知道該如何好。剛好我有一位朋友是外科醫師，跟他聊完以後，他建議我可以用以下這個方式問問看我的主治醫師。

「醫師，如果你的家人得到跟我一樣的病，你會建議他怎麼做？」

癌症中心的醫師聽到我問這個問題後，他說：「我會叫他明天就來這間手術室報到，由我操刀！」那時，我就知道自己應該要選擇進行手術，而且還要愈快愈好。

雖然心裡很清楚不再治療就會愈來愈嚴重，但還是會希望先試試看手術以外的治療方式，能夠不開刀就不開刀。但是，當主治醫師設身處地說出如果是他的家人得到這個病，他會建議家人做哪種治療以後，我就確定那是他的真心建議。

假如他還是冷靜地告訴我：「我建議你盡早動手術。」也許我還要考慮更長一段時間才會做出決定。

若沒有主治醫師的這一句真心建議，我也沒有勇氣進入手術室。

設身處地說的話會帶著真切的情感，才能打動對方的心。

設身處地說的話才能打動對方的心！

31 任何時候都要先主動問候

問候要先發制人，搶先打招呼的人才算是成功問候的人。

跟人打招呼時若不看著對方，說話聲音又小的話，那麼接下來的一整天都毀了。眼睛要看著對方，說話時要精神抖擻，是跟人打招呼的基本。不論心情還是身體狀況的好壞，都會開口跟人打招呼，那才是真正的問候。然而，討人厭的人只要自己心情不好的話，就會一臉不高興的樣子跟人打招呼。

自己搶先說出口的問候才是真正的問候。**聽到對方說早安以後，才向對方道早安的話，那就不是真正的問候，而是單純的回應而已。**而且，在「早安」之後再加上一句「今天的天氣真好」等等的寒暄，就能開啟彼此的對話。

在人際溝通分析（Transactional analysis）當中，有個概念叫做「時間結構（Time structuring）」，可用來劃分人與人的關係及親密程度。

當我們在「退縮（Withdrawal）」的時間結構裡，就不會與任何人交流，只會活在自己的世界裡，不去關注也不在意其他人。

與人相處時出現「你好」、「今天辛苦了」等等的固定問候用語，就代表進入了「儀式（Rituals）」的時間結構。只要能記住這些固定問候用語，就是邁出與人交流的第一步。

在「早安」之後加上一句「今天的天氣真好」、「你今天的領帶真好看」等等的寒暄，則代表進入了「閒談（Pastimes）」的時間結構。

閒談不像工作上的對話帶有目的性以及追求效率，所以通常會讓人困擾不曉得該說什麼才好。

當閒談的目的性愈低時，反而就必須具備更優秀、靈活的溝通能力。**只要能夠在打招呼以後加上一句「你今天的領帶真好看」等等的寒暄，就能達到這種程度更高的溝通。**

所以，只要學會與他人閒談的能力，就會更容易進入與他人建立親密關係的「親密（Intimacy）」時間結構。

若要讓自己平時就能自然地與人閒談，最重要的就是打完招呼以後一定要多加一句寒暄。

打完招呼以後還要多加一句話！

32 問候是人品與待人的縮影

打招呼是與他人建立關係的第一步。

不過，跟人打招呼其實是一件非常講究的事情，不可馬虎。因為，從打招呼的樣子就能看出一個人的為人，也能看出此人對於打招呼對象的重視程度。

一位負責招聘應屆畢業生的企業人士說：「只要面試的學生會精神抖擻地跟別人打招呼，就足以讓人對他留下好的印象。」正是因為打招呼的樣子會顯現出一個人的為人及性格。說話時總是大聲嚷嚷的人通常都不會騙人，但其實只要做到面帶燦爛笑容跟別人大聲打招呼，就足以展現出自己精神爽朗又具備溝通能力的一面。

許多人在跟朋友打招呼時會比較隨意、不拘小節，而在跟客戶打招呼時則是禮數周到。而**打招呼的態度會反映出你心中對於打招呼對象的排名順序，同時也會將這件事展現周圍的人知道**。也就是說，打招呼是一個人的為人以及人際關係的縮影。

許多人不會跟人打招呼並不是因為他們討厭對方，而是因為他們不擅長與人交際，不曉得應該跟別人說什麼才好，才會還沒開始交流就直接逃避。例如：在人潮中發現有認識的人時，他們可能就會改換路線、把頭低下來、假裝在滑手機等等，避免讓對方注意到自己。他們在逛街時還會戴上耳機聽音樂，這樣店員就不會一直向他們推銷、介紹。有的人甚至不聽音樂也不會摘下耳機。這些舉動都會散發出旁人勿近的氛圍，如此一來就不必跟別人進行對話。

前面說過打完招呼以後再加上一句寒暄的重要性，而這句寒暄的內容也必須注意。容易被討厭的人會不自覺說出「昨天喝太多，真不舒服……」、「睡不飽好痛苦……」等負面情緒的話，影響對方的心情。而「這件衣服真適合你！」、「天氣放晴了真好！」等等**讓別人跟自己聽了都會心情好，才是最適合的寒暄。**

懂得先精神抖擻地向人打招呼，再加上一句正面、積極的寒暄，自然就會讓人喜歡。

打完招呼還要再加上一句正面積極的寒暄！

第 3 章

交際篇

33 對手的成功同樣要給予祝福

看到別人成功時，你會替對方感到高興嗎？人生中有時會遇到身旁的人提早自己一步完成自己也想完成的夢想，這些夢想可能是晉升、加薪，也可能是結婚、生子等等。

看到新聞報導國外有人獲得1000萬的獎金時，我們也許會覺得沒什麼大不了，但如果得到了這一大筆獎金的人是坐在旁邊的同事，應該就會有很多人對此耿耿於懷吧？人們往往更關心自己周遭的人是否成功，而不是遠在天邊的人。

就潛意識法則而言，無法為別人的成功感到高興其實是一件百害而無一利的事。「不能為對方的成功感到高興」意味自己在潛意識裡「覺得自己做不到這件事」。當一個人無法為對方的成功感到高興時，對方自然也不會對這個人產生好感。

我有一位朋友以前是出版圖書的經營者。我們的感情很好，所以都會幫對方一起想企劃書的內容，書籍出版時也會幫忙錄亞馬遜網路書店的宣傳影音等等。那時也是我把一個正在募集出版企劃的網站介紹給他。我跟他的夢想都是成功出書，所以當他的企劃通過時，我真的非常開心。

坦白說，我自己也參加過好幾次募集活動，但都不是很順利。他成功出書至今也已經過了10年以上的時間，後來的我也有幸成功出書。當時我已經在學習心理學，所以我明白祝福別人的成功可以對自己的潛意識灌輸「你當然也能完成這個目標」的想法。或許就是因為這樣，我才能衷心為他的成功感到高興。

其實，他的書出版以後，據說其他同樣也想出書的朋友卻說出了「那本書的內容很難懂」、「說真的，我好嫉妒他可以出書……」等等的感想。他聽到這些感想也嚇了一大跳：「如果是我的朋友出書的話，肯定會真心地替他們感到高興，但沒想到……」當愈親近的人有所成就時，人就愈難給予衷心的祝福。

嫉妒別人功成名就的原因無他，正是自己的潛意識相信自己完全輸給對方、贏不了對方。所以，看到別人成功**也像自己獲得成功一樣感到高興的話，不只是為了別人，也是讓自己離成功更近一步。**

連對手的成功都能夠給予祝福的人，才會是讓人喜歡的人。

為對方的成功感到高興也是讓自己離成功更近一步！

34 別被對方的幸與不幸影響

覺得幸與不幸的分量是對方與自己互相加減的人，通常人際關係都不太順利。

假設自己跟對方都各有100點的幸福點數。當對方擁有更多一點的幸福時，有人就會覺得自己的幸福點數被扣了50點給對方，所以對方就有150點的幸福點數，自己只剩50點的幸福點數。用這樣的方式去衡量幸福的話，就無法真正為別人的成功感到高興。然而，實際上的幸福並不是這樣計算，自己依然擁有100點的幸福點數，改變的只有對方的幸福點數，從原本的100點變成了150點。這就跟集點卡的規則一樣，別人的集點卡的點數本來就不能隨便變成自己的點數。

自己的幸福本來就不會因為別人變幸福而增加或減少。

有位女性在自己的朋友陷入失戀或失業等不幸的狀況時，她都會親切地開導對方、鼓勵對方。但是，一旦對方找到好的工作、新的對象時，她又會說一些讓人聽了不是很開心的話，例如：「可是那個工作會很辛苦喔……」、「我覺得那個人應該不適合你吧？」等等。

這是因為當別人身在不幸時，她就會有一種自己比對方好的優越感。

這就是前面說的，以為對方不幸時自己就能獲得對方的幸福點數，而對方獲得幸福時，自己的幸福點數就會轉移到對方手中。人生本來就有起伏，**若希望自己跟對方的情誼可以一直維持下去的話，就必須具備與對方同甘共苦的能力。**

有位男性看到「股價上漲」的新聞報導便感嘆地說：「像這樣有人賺錢就一定有人會賠錢。」這個人也是一樣，覺得幸與不幸的分量由對方與自己對分，有人幸福就會有人不幸福。一旦抱持著這樣的想法，對方的幸與不幸都會影響到自己的幸與不幸。如此一來，就容易產生被害者心態，也容易變得偏執。這位男性在職場上也是個經常惹是生非的人。

能讓人喜歡的人都是共感力很強的人。這樣的人都能與對方的喜怒哀樂產生共鳴。而且，他們知道不論對方幸福還是不幸福，都不會影響自己獲得或損失任何幸福。

別偏執，要共感！

35 起身離開前先確認對方有沒有遺落物品

MDRT在保險業界是一個相當有名的國際性協會，MDRT的會員資格標誌著保險從業員在業界的卓越成就。有一位朋友在連續10年取得MDRT的會員資格以後，成為了MDRT的終身會員。

只要跟他見面，我都會覺得真正懂得體貼別人的人，一定會把關心的箭頭（心的能量）朝向周圍的人（外界），而不是朝向自己。

例如：我們約在咖啡廳見面談事情時，他都會在入座前先仔細觀察周圍的環境，有一次他就說：「藤本小姐，你看後面那兩個人應該跟我一樣都是保險員。他們看起來像是在聊保險的事。」

點餐的時候也是一樣，他會清楚記得我上一次點的飲料是什麼，然後詢問我：「藤本小姐，我幫你點紅茶可以嗎？我記得你之前都是點紅茶。」

談完事情要離開時，經常丟三落四的我如果忘記拿外套，他也會馬上發現，然後出聲提醒我：「藤本小姐，外套拿了嗎？」

很多人在離席時都會檢查自己有沒有遺忘物品，但是連對方有沒有遺落物品也會幫忙確認的人卻不常見。**即使是對方個人的事情，他也會像這樣把關心的箭頭朝向外界。正因為如此，他的事業也有所成就。**

例如：他到客戶家拜訪時就容易注意到客廳的照片、獎盃、公仔等擺設，進而開啟聊天的話題。**這些擺設品放在顯眼的地方，就代表那是這個家的主人在意的物品。**身為保險員的他就會先跟對方聊一下這些擺設，才進入關於保險的話題，而且通常這麼做都會聊得很順利，因為人在心情好的時候就會更願意花錢買東西。

如果他只關心自己能不能談成保險，一直想著「今天跟對方談得還算順利吧？」、「要早一點結束才行，等等還有下一個客戶要見」等等，就會錯過讓對方開心的時機。

會讓人喜歡的人總是會關心別人，不會只想著自己的事情。當一個人只關心、在意自己的事情時，就不可能對他人產生影響力。唯有將關心的箭頭朝向對方，才能發揮自己的影響力。

要把關心的箭頭朝外！

36 有點不完美會更好

我有一位好朋友是禮儀講師，但她很煩惱一件事，那就是她覺得自己給人的印象不好，別人都不太喜歡她。我這位朋友是個身材苗條的美人，她會將頭髮盤成典雅氣質的髮型，穿著乾淨平整的襯衫加套裝，敬語使用得相當得宜，就連抬起手來指東西的動作也是非常優雅。她的儀態非常出眾，即使在人群中也能一眼就看到她的存在。

有一次，她一如既往保持良好的儀態，快步而俐落地在採買物品時巧遇親戚，親戚卻跟她說：「妳這個人還是跟以前一樣讓人不敢隨便接近妳呢⋯⋯」

究竟哪裡做得不對了呢？她並無意表現出這種拒人於千里之外的感覺，而是希望能讓別人對她留下好印象，所以時時都努力維持完美的禮儀形象。

其實，**完美的形象反而會讓旁人覺得有壓力，不敢隨便靠近。**

假設現在有兩隻狗，其中一隻狗經過訓練師的訓練，會完全服從主人的指令，而另一隻狗狗就算聽到主人說：「等等！」還是會滴著口水，趁主人不備偷吃點心。你覺得哪一隻狗狗看起來更可愛呢？

能讓飼主溺愛的狗狗從來都不是最完美的狗狗，而是有點缺點的狗狗。講話有點「臭奶呆」的小孩看起來會那麼可愛，就是因為他們講話沒那麼標準。「不夠完美」等於「有讓人接近的空間」。

過於完美的人不容易讓人產生共感及好感。有個心理學名詞叫**「出醜效應（Pratfall effect）」**，美國德州大學的心理學家艾略特・亞隆森曾經做了一項有名的實驗，他在實驗中讓受試者聽錄音帶，內容是2個人分別回答各種難題，而其中一人最後則不小心打翻了手邊的咖啡。然後，他調查受試者對哪位答題者比較有好感，結果多數都選擇打翻咖啡的那位。可見比起完美無缺，有缺點反而更平易近人。

有一位朋友也是個優秀的飯店主管，他總是穿著筆挺的西裝，動作俐落有力，也是一個體貼入微又充滿服務熱忱的人，企業的演講邀約也源源不絕。如此厲害的他依然會與我分享失敗趣談，總是用名古屋腔說：「藤本～跟你說喔，我之前〇〇又搞砸了啦～！」

讓人喜歡的人不會只讓對方看到他完美無缺的樣子，也會展現出自己有缺點的一面。能表現出一點不完美的人會更讓人喜歡。

偶爾也讓別人看看你的小缺點、弱點！

37 態度別因人而異

很多被女性討厭的男性都是對店員態度不好的人。就算他們會溫柔地女朋友說話，但如果會用很差的態度跟店員說：「我都點餐了，怎麼還不出餐！到底在幹嘛！」那其實也是沒有用的。

人的大腦其實無法分辨「你、我、他」等等的人稱。所以，即使這些男性打算罵的對象只有店員，但同時也會讓女朋友覺得這是在對她說：「你到底是在幹嘛！」

有些女性跟男朋友一起回老家，看到男朋友對待母親的不禮貌態度後，便決定要跟對方分手。這是因為她們從「對待母親的態度」看到了「成為丈夫的他對待妻子的態度」。

A是一名經營顧問，出版了很多本書，也在全國各地舉辦讀書會。他並不會因為參加者的公司規模比較小或公司的營收比較少，就改變他對待別人的態度，所以不管哪一場讀書會都有新的報名者，他的書也持續熱賣。

A對待他人的態度不會因人而異，所以不管是誰對他都留下了好印象。正如上一段說過的一樣，人的大腦不會分辨人稱。

除此之外，**對待地位不如自己的人就表現出高高在上姿態的人，其實是對自己沒有信心。**他們要靠著貶低對方，才能顯得自己比對方好。

有些人在公司裡會畢恭畢敬地向老闆打招呼，卻不屑跟公司裡的清潔人員多說一句話。就職活動也是一樣，有些準備就職的學生只會有禮貌地跟有利自己就職的人打招呼，對於就職沒有幫助的人則是一概無視。

以長遠的角度來看，這些人的人生並不會太過順遂。就運氣的觀點而言，這樣做也不利於自己累積福報。而且，還會讓自己與別人的潛意識都覺得「只對自己有利的人態度好，這種人就算發跡了也不會有什麼好事」，所以也不會有人將他們引薦到更好的職位或更高的地位。這樣的人通常都不是成為領導者的料，眼界窄、氣量小，就算得到好一點的地位也會得意忘形，只會讓自己跟別人都覺得是個對社會、他人都沒有用處的人。一個人只要具備符合那個地位的寬闊胸襟，也能為自己創造出人頭地的機會；假如不具備這份胸襟，自己的潛意識也會覺得自己還不夠資格。

不當個勢利眼的人才會讓人喜歡。

做人不可勢利！

38 要活得像蓮花一樣

蓮花的美在於其出淤泥而不染。蓮花若生長在淤泥愈多的池水裡，就會愈盛開，但若是生長在清澈的水裡，就只能開出小小朵的花。蓮花在佛教中更象徵著在充滿苦難的世界裡不被玷汙的心、覺悟。

討人喜歡的人就像蓮花一樣，**不論身在多麼艱苦的環境裡，依舊能夠繼續保持一顆不被周圍玷污的赤子之心。**

某間公司的員工就算其他同事打招呼，也從不會抬頭回應，只會默默地盯著電腦看。A是其中一位員工，不過，他總是開朗地打招呼，對人也非常親切。而公司裡有個前輩老是愛找A的麻煩，經常把他叫到無人之處，沒完沒了地對他冷嘲熱諷。

A偶爾也會從星期五晚上就開始覺得星期一上班很憂鬱，不過他還是會保持開朗的態度，臉上依然帶著爽朗的笑容。

那間公司從來不栽培新人，A只要看到有人遇到困難，都會伸出援手幫忙對方，也會親切地告訴對方之後還可能會遇到什麼問題。

待在這種連招呼都不打的職場裡，通常自己的表情也會被眾人影響，變得黯然無色，在一群冷漠不親切的人之間，自己也容易變成一個態度冷漠的人。不被周圍環境玷汙，並保持清朗舒爽的心情，簡直就是修行。

各位聽過白隱禪師的故事嗎？

從前，有個村長的女兒還沒嫁人就生了孩子。女兒在父親的逼問之下，便說出孩子的生父是白隱禪師，這個村長聽了以後怒火中燒，氣得把嬰兒扔在白隱禪師所在的寺院前，自己便離去。白隱禪師遭到村人的唾棄，弟子也一一離去，整座寺院變得寂靜又冷清。不過，白隱禪師一句話也沒多說，到處向人討奶水，獨自扶養這個嬰孩。後來，村長的女兒才坦白那孩子的生父並不是白隱禪師，而是村裡的一名夥計。這個村長跑去向白隱禪師道歉，而白隱禪師只說：「原來這孩子也是有父親的，佛祖保佑。」然後就繼續淡然地修行。

即使被眾人冤枉、唾棄也依然不辯解、保持著平常心，實在是件不容易的事情。正因為如此，白隱禪師的故事才會千古流傳，讓後人津津樂道。即使環境再惡劣也不沉淪墮落的人才會受人喜愛。

環境再艱苦也別沉淪墮落！

39 周圍的人都是反映自己的鏡子

我們的潛意識會吸引與自己相近的事物。

你滿意自己的年收入或人際關係嗎？有些人會覺得自己「年收很少」、「不喜歡現在的人際關係」，但其實在潛意識法則中，現在的年收或人際關係都是與自己最相稱的狀態。

例如：覺得自己「周圍的人都是廢物」的人，就會說自己也是個廢物。

花的周圍都會聚集什麼？糞便的周圍又會聚集什麼？花的周圍肯定都是蝴蝶繚繞，而糞便的周圍一定都是蒼蠅亂飛；也就是說，你散發出什麼樣的氣息，身旁就會聚集同樣氣息的人事物。

人際關係也是如此，心術不正、總愛在背後說人壞話的人，身邊就會吸引一樣的同伴。相反地，溫文儒雅又開朗樂觀的人，身旁的人則會一樣都是開朗溫柔的人。所以，**想要改變人際關係，就必須先改變自己的內在。**不同性質的人或物品本來就不可能佇足在同一個地方。

還記得前面提過像蓮花一樣出淤泥而不染的A嗎？那個一直霸凌他的前輩後來向公司提

出辭職。A並非無力反抗那些欺負他的人，他只是在保持著自己內心的平靜與純淨而已。心術不正又愛批評他人的人與溫柔穩重的人，本來就不會長久地待在同一個地方。因為，我們的潛意識一直都會吸引與自己性質相同的人。

而且，**一旦覺得自己是「討人厭的類型」、「沒什麼魅力的人」的話，就只會吸引這樣的人到自己的身邊。**

有些女生總是會愛上渣男。其實是她們認為自己沒有存在價值，便透過把愛施捨給這些渣男，以證明自己的存在價值。而這樣的心態就會形成共依存關係。

不愛自己的人無法真正去愛別人。一定要先愛自己，讓自己的心保持清淨，才能吸引到與這樣的自己相符的人際關係。外在環境不會決定你的人際關係，真正決定人際關係的其實是你的內心。

要吸引與自我意象一致的人！

40 要做個表裡相應的人

表裡不一的人都以為自己背地裡的事情不會曝光。就潛意識法則而言，這樣的想法實在過於膚淺。背地裡做的事終究會公諸於世。

A是某公司的員工，總是背著眾人私底下欺負資歷比他淺的同事。就算跟他打招呼也不會看對方，只是淡淡回一聲：「喔……」。而一旦其他主管在場，就會笑臉盈盈地說：「你們辛苦了喔！」就是為了掩飾自己背地裡做的事。但是，**就算表面工夫做得再好，百密終究有一疏**，人的整體樣貌必定會顯現在局部的言行舉止。A的表情還是出賣了內心的惡劣，公司同事也都清楚A的所作所為。

在玻璃瓶中滴入薄荷精油，蓋上瓶蓋依然聞得到精油的芬芳；垃圾桶中的垃圾散發惡臭，就算蓋上了垃圾桶蓋也掩蓋不了臭味。人心就跟這些氣味一樣。

有句話說：「因為你的存在會高呼，所以我聽不到你的聲音。」這句話的意思是你的樣子（be）比你說的話（do）更具有影響力。

甘地是印度獨立運動之父，曾有一位婦人帶著兒子登門拜訪，想請甘地幫忙。這位婦人向甘地說：「我的孩子得了糖尿病，卻還是一直吃糖，我想請你告訴他別再這麼做了。」甘地聽了以後說：「我明白了，請你們2個星期以後再來找我。」2個星期以後，婦人再次帶著兒子上門拜訪，這次甘地就直接告訴婦人的兒子不要再吃糖了。婦人的兒子很尊敬甘地，所以甘地的一句話就讓他決心不再吃糖。

那位婦人又問甘地：「請問您為什麼不肯在2個星期之前就直接跟我兒子說呢？我們一趟路程過來還得花3天的時間呢。」甘地則回答：「我在2個星期之前也一樣每天都吃糖。所以，我這2個星期都在戒糖。」

甘地曾說過：「你希望世界變成什麼樣子，你就要先成為那個樣子。」意思就是說，**如果我們希望自己能影響別人的話，那麼我們就必須先成為別人的模範。**那位患有糖尿病的男子在接受甘地的勸戒時，並不曉得甘地是否每天都吃甜食。不過，甘地真的要對別人造成影響的話，就不能只是嘴上說說，自己也必須實際戒糖才行。

你的樣子（be）會比你說的話（do）更具影響力。你想成為的人，決定了你用什麼樣的方式活著。

一個人的樣子比他說的話更能影響對方！

41 別忘了禮尚往來

有句話說：「借給人的錢不會忘，跟人借的錢容易忘。」聽起來是有些現實，但人本來就會記得清楚自己思考過的事情、幫過別人的忙。

身為飯店主管的A經常收到別人送的東西，只要別人送食物給他，他一定會回禮給對方，並且把品嚐後的感想跟對方分享。就算收禮的一方忘記回禮，送禮的一方還是會在意對方品嚐的感想。

我有一位朋友是頂尖業務，**只要收到別人送的東西，哪怕他再忙碌也一定不會忘記回禮給對方。**其實大家都知道他是個大忙人，所以他堅持不忘回禮的舉動都讓大家對他讚譽有加，稱讚他是個重情重義的人。

當事業做得愈大，就連工作以外的影響力也愈來愈大時，收到的禮物及謝函自然也會愈來愈多。收到的禮物愈來愈多時，就容易記不清自己收過哪些禮物，也容易疏忽某件贈禮的回禮。正因為這樣，不忘回禮才會是如此重要的一件事。

北野武是日本非常有名的搞笑藝人，也是相當出名的電影導演、演員及主持人，他曾說過：「客人聽到他們喝的茶是我親自泡的，而不是我徒弟時，他們就會覺得：『哇！北野武泡茶給我喝耶！』都會很高興。」

當你的地位變得愈高，你做這些事就愈會讓人感動。

被譽為經營之神的松下幸之助有個小故事。有一次他搭新幹線遇到一位仰慕者，這個人送了一顆橘子給松下幸之助，松下幸之助收下橘子並向對方道謝，然後當場吃掉了那顆橘子。松下幸之助下車之前還特地走到那個人的座位旁，向對方鞠躬致謝，說：「謝謝您方才贈送我如此美味的橘子。」下車以後，他也沒有立刻離開月台，而是來到可以看到那位仰慕者的車窗旁為對方送行，他一樣深深地向對方鞠躬，直到列車駛遠。那位仰慕者看到以後相當感動：「名聞天下的松下幸之助竟然這麼有禮！」據說那位仰慕者後來把家裡所有的電器都換成Panasonic（當時稱為國際牌）的產品。

俗話說：「稻穗愈豐實，頭便垂得愈低。」愈是優秀傑出的人，愈不會忘記隨時保持謙遜的態度。哪怕收到的只是一顆橘子，也不忘該有的感謝及回應，難怪這樣的人大家都喜歡。

收到贈禮以後一定要立刻回禮！

42 再忙也要伸以援手

「工作需要幫忙的話，就要找在忙的人幫忙」。這句話的意思是說忙碌的那個人會比較快幫我們解決工作上的事情。

人際交往也是如此，**在他人陷入困難時及時伸出援手的人往往不是有閒的人，而是心地善良的人。**

N的工作非常忙碌，總是從早到晚都在忙著跟客戶見面談工作，連他的太太都說自己像個單親媽媽一樣。N已經忙碌到這個程度，但只要朋友或客戶透過電子郵件或電話找他幫忙，他一定會立刻找時間回覆對方。就算再忙碌，他還是會在當天透過電話跟對方聯絡；即使到國外出差，沒辦法及時跟對方通話，他也會先透過電子郵件知會一聲，回國以後再聯絡對方。

即使再怎麼忙碌，他也不會錯過讓對方知道「你放心，我就在這裡」的黃金時機。別人有困難時，他一定都會竭盡全力幫忙，所以不管是他的朋友還是客戶，都對他這個人讚譽有加。

相反地，討人厭的人通常都會說自己很忙、沒有空，只要認為對方的事跟自己無關的話，就懶得理會對方。

在艱困危急之時給予的援助往往會動人心魄，感人肺腑。心理學也認為當一件事一再地重複或給人造成衝擊時，才會令人記憶深刻。

例如：學習英文單字時要重複寫下單字的拼法、聆聽單字的發音，最後就會把單字記起來。這是透過反覆的練習使大腦形成長期記憶，也就是不容易忘記的深刻記憶。另外，發生交通意外、在運動會上拿到優勝等等雖然都是一時的事，但因為這些事情會對情緒上造成激烈的衝擊，所以同樣讓人難以遺忘。

人在艱困危急之時都會產生強烈的情緒波動。這時若有人伸出援手，我們都會將對方視為恩人，不會輕易忘記這份恩情，而讓人喜歡的人往往都是願意對人伸出援手的人。

對別人伸出援手跟自己忙不忙沒有關係，若是錯過了伸出援手的最佳時機，之後就不可能有這個機會了。要在對方最需要的時候給予援助才有意義，對別人伸出援手的時機至關重要。

當對方在艱困危急之時，不論如何都要幫助對方！

43 經營人際關係別只看CP值

我想問問各位一個問題。假如每天都會有8萬6400元匯入你的銀行帳戶，而且這筆錢不能存起來，也不能留到明天再使用，那麼你會怎麼使用這些錢呢？

其實這個問題就是用金錢代表我們一天24小時的時間，一元就代表一秒鐘。

這也是在告訴別人要善用時間，別浪費人生的時候經常使用的比喻。

對於忙碌的商業人士來說，最重要的就是有效利用時間完成工作，不做浪費時間的事情。評估一件事情的CP值，也就是思考投入的費用可以發揮多少效果，是我們在工作上不可或缺的重要能力。但是，如果任何事情都要先看CP值的話，反而不利於我們的人生。

我以前在專門學校教心理學時，學生曾經跟我說：「老師，你說的內容會出現在考卷上嗎？如果考試不考這個的話，那我們把這個背下來也沒意義啊。」他們會這麼問，就是以CP值高低的角度來看待學習這件事，學的內容（付出勞力）如果是跟考試拿高分（效果）有關的話，他們才要學，如果不是的話，他們就不學。

老子有句話叫做**「無用之用」**，意思是事情乍看之下毫無用處，實際上卻能發揮出莫大的幫助。

心理學教的內容不一定都會出現在考試中，卻可能幫助我們建立起良好的人際關係。如果只用成本效益的觀點看待學習的話，其實就是讓自己錯失了自我學習及成長的機會。

許多人會非常嚴格地做好自己的時間管理，在這些人之中，有的人甚至因為不想把自己寶貴的時間撥出來應付突如其來的電話，所以基本上不會接聽任何來電，認為有重要的事情就應該先用電子郵件連絡才對。這個方式的確可以有效地安排並運用自己的時間，確保不被他人隨意打擾，但**如果連人與人的來往都要評估成本效益，帶著「這個人對我的工作沒幫助，跟他見面也沒意義」的想法跟人交往，最後可能會讓自己錯失許多好機會。**

不論是人際關係還是自我成長，有時都需要投入時間才能看到成果，不可能所有的事情都能立竿見影（CP值高）。討人喜歡的人都懂得這個道理，所以他們不會因為與某人的來往一時不符自己的利益，便急著做出不必與此人來往等決定。人際關係的培養本來就要先從與人結識開始做起，才能迎來成熟的果實。

別帶著利益得失的想法去建立人際關係！

44 限縮對方回答的選擇

在與人交涉非常厲害的人通常都很會利用「**雙重束縛**（錯誤的前提暗示）」。

例如：想約心儀的對象去約會時，如果跟對方說：「下次休假的時候，如果要去餐廳吃飯的話，你覺得吃義式料理好，還是吃中式料理好？」這時候對方就容易說出：「哪個好喔～不然就去吃義式料理好了。」這樣說並不是在問對方要不要去約會，而是以約會為前提提出詢問，讓對方的回答變成在義式料理或中式料理之間做出選擇。**像這樣把眾多選項限縮到一定範圍內的提問，就能將對方的回答引導到自己想要的結果**，就是「雙重束縛」。

我以前曾在一間設計公司上班，員工加班到半夜12點都是常態，老闆的辦公室動不動就傳出怒罵員工的聲音，經常有同事做不下去而選擇離職。那時的我也因為工作壓力過大，導致門牙突然在某一天早上斷裂。而辭職離開公司的人拿不到離職金也是常有的事情。

因此，當時才剛學習心理學的我決定使用雙重束縛的方式去跟老闆交涉。當我提出離職的要求以後，老闆果然直接說他沒有義務支付離職金。於是我跟他說：「根據勞動基準法，老闆你必須支付員工加班費，但是你還沒將之前的加班費給我。請問你要選擇支付離職金，還是把尚未支付的加班費給我？」他計算過後覺得支付離職金比較划算，所以我最後成功拿到了那份離職金。

我並不是與前老闆交涉他到底要不要支付費用，而是對他提出了以支付為前提的要求，讓他從中抉擇。同事們聽到我成功拿到了離職金，都驚呼：「你太厲害了！竟然能讓那個摳門老闆甘願付離職金給你！」

與人交涉時先限縮對方回答的選項，就能避免與對方產生一些不必要的爭執。讓人喜歡的人在拜託別人時，都會用「請問你願意幫我收集數據，還是可以幫我影印這些資料嗎？」的方式來詢問對方。**這樣也可以減少對方一些心理上的負擔，讓對方覺得自己可以選擇要做哪件事情，而不是被人強迫做某件事情。**

能得到自己想要的結果，也避免不必要的爭執，對彼此都不造成負擔，這才是最有利的交涉法。

以YES為前提想一想該怎麼問對方！

45 與其說之以理，不如動之以情

擁有邏輯思維固然重要，但太過依賴邏輯也是一件危險的事。

請各位想像以下這兩句話：「你被說服決定今天晚餐吃什麼了嗎？」以及「你疼愛的下屬是你根據資料分析結果挑選出來的人嗎？」這兩句話給人的感覺是不是不一樣？**人在感動的時候，更多的是「感性的（Emotional）、直覺的」。**所以，真正控制我們的其實是情緒而不是理性。

人與人的交流若只訴諸理性（頭腦），那麼人的情緒（心）就不會有任何波動。美國神經科學家保羅・D・麥克萊恩提出「三重腦假說」，他將人的大腦依照進化的先後順序進行分類，依序為反射腦（腦幹）、感性腦（邊緣系統）及理性腦（大腦新皮質）。也就是說，就人類進化的過程來看，由大腦新皮質控制的理性腦是後來才發展起來的菜鳥；由大腦邊緣系統控制，且亦被稱為爬蟲腦的感性腦則是資歷深厚的老鳥，強勢地控制著我們。

我的保險業務員對我說：「壽險是你留給家人的最後一封情書。所以，請讓我為你將這封情書交給你最重視的家人。」他並不是以理說服我向他購買壽險，而是在向我動之以情。當他的客戶聽到這句話時，心裡頭浮現出的畫面就會是自己有朝一日離世的那一天最想要見到的人。所以，不論是否還有其他考量，都會想著就算自己不在這個世界了，也希望自己心愛的人不要有任何煩惱，就會開始考慮購買壽險。

當然，我並不是說所有的事情都只要訴諸於感性就好。

有一位業務員就謹記著**「先曉之以理，再動之以情」**的原則。客人對於第一次見面的業務員都會保持著「不曉得這個人要跟我推銷什麼」的警戒心，所以他都會理性地先向客戶說明產品的優缺點，一點一點地慢慢加入客人比較會接受的部分。然後，等到客人卸下心防，開始透露出對產品的興趣時，他才會熱情地跟對方分享自己對於這項產品或服務的看法。

這麼做是在與客人的心情形成同步（Pacing）。而最重要的部分就是最後對客戶動之以情。想要打動對方不能只靠說理，更重要的是感動對方的心。能夠做到這一點的人通常都會讓人喜歡。

最後要動之以情！

46 別把自己的心穿上防備的鎧甲

在人際關係方面有心理創傷的人都會把自己的心穿上一層鎧甲。這層鎧甲就是警戒心。人際關係的諮商也是我的工作內容之一。有些人是在幼年時期被虐待，有些人是在公司受到上司職權霸凌，這些曾在人際關係方面受過傷害的人，都會為了不讓自己再次受到傷害，而對別人抱持強烈的警戒心。不只如此，他們還會隱藏真實的自己，盡力當一個出色優秀的人，希望讓別人喜歡他們。

這樣的人會考取很多跟工作有關的證照，在工作上也會有很好的表現。因為他們相信「優秀的人＝大家喜歡的人」，所以一直在努力讓自己成為一個「了不起的人」。他們當然也不會輕易在別人面前示弱，因為他們認為自己不好的一面被看到的話，別人就會不喜歡自己了。

不過，並不是所有人都喜歡優秀又完美的人。**在別人面前逞強，隱藏真實的自己，反而可能拉開別人與自己的距離，也會讓別人覺得討厭。**

鎧甲可以保護自己，但同時也會封閉自己。以人與人的關係而言，經常感到不安或是警戒心重的人，內心的鎧甲就會愈厚重，而且還會消耗很多能量在扮演強大又出色優秀的自己。所以，他們在獨處時就會整個鬆懈下來，因為這時才會脫掉厚重的鎧甲，恢復自己原本的樣貌。扮演一個完全不像自己的人真的會消耗掉很多能量。

受到他人喜歡的人都是呈現出自己最自然的樣子，他們不必把自己的心穿上任何防備護具，所以就不會耗費太多的力氣。對方可以感受到他們的周圍是沒有戒備的自在氛圍，所以比較容易卸下心防與他們對話。**保持自然狀態的自己就會像一塊磁鐵，吸引同樣都是以自在的狀態與人相處的人。**這樣的人不會消耗不必要的力氣，所以就不會覺得累。只要不覺得累，就不會覺得跟別人相處是一件辛苦的事。只要不散發出不想與人相處的感覺，自然就會讓別人喜歡。

美國心理學家菲利普・津巴多在關於害羞方面的研究非常有名，他說：「容易害羞的人對別人的警戒心都很重，覺得別人看到自己真正的樣子就會討厭他們，所以沒辦法跟別人建立起良好的人際關係。」過重的警戒心是隱藏自己的鎧甲。隱藏自己會消耗自己的能量，讓自己沒有精力去跟別人相處，自然就無法建立起良好的人際關係。

警戒心過重會消耗自己的能量。隨時都要放輕鬆做自己！

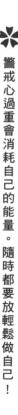

47 要看見對方的好，別吝惜給予稱讚

我常把自傲跟心的關係比喻成蹺蹺板與球。驕傲自滿的人就會在蹺蹺板的高處，心的球（對他人的善意及親切態度）就會滾到別人手中。

自己在翹翹板的低處，對方在翹翹板的高處時，心的球就會滾到自己手中。其實，對自己愈沒信心的人就愈驕傲自大。

A就讀有名的私立大學，畢業進入一間大型企業上班，後來輾轉換了好幾間公司。A在跟別人對話時，都會報上自己的學經歷，表現出自己「就是這麼優秀的人」。

不過，其實A並沒有惡意，他只是覺得讓別人知道他的學歷跟經歷都不差的話，對方就會聽他說話，對他保持敬意。

大多數自傲的人在心理方面都有強烈的認同需求，渴望自己受到認可。不過，一定要顯得比別人厲害的自大心態反而會讓別人覺得很討厭，所以這樣的人就會很難與他人建立起信賴關係。

而且，像A這樣總是愛提起自己的學經歷，就會讓別人覺得他們沉浸在自己過往的豐

功偉業，感嘆自己現在的境遇不佳。就心理學的角度來說，對別人說「那時候真好」這句話，其實會跟對方傳達出「我現在不太好」的意思。而且這樣做也是無意識地跟自己說：「現在的我並不好，這並不是真正的我，我應該會更優秀的才對。」

愈是這樣想，渴望得到他人認同的需求就會愈強烈，並繼續表現出自大傲慢的樣子，結果就會把別人愈推愈遠，陷入惡性循環。

討人喜歡的人不會炫耀自己的學歷或經歷。因為，他們跟別人建立良好的關係從來都不是靠外在的威望，而是他們的個人魅力。

討人喜歡的人不會把時間浪費在自我吹噓，而是去找出對方的優點，並給予讚美。因為，他們知道這樣就可以讓心的球滾向蹺蹺板低處的自己。

別自大驕傲！

48 程度不同，交友圈自然也不同

各位也會突然跟朋友聊不來，或是莫名地被對方質疑嗎？

有些人會為此感到煩惱，但其實發生這樣的情況就代表你已經快速成長了。就像我們長大以後就穿不下小時候的衣服一樣，人在成長以後就會跟以前的環境及人際關係有愈來愈多的衝突。

不過，人的潛意識都有維持現狀的機制，而你的改變就會讓身旁朋友的潛意識啟動這個機制，覺得以前的你比成長後的你更好。

變化對人類而言是件可怕的事。所以當一個人有所成長、改變時，身旁的人就會去批評他，試圖讓他回到原有的樣子。

舉例來說，A很高興自己終於成功減去10公斤以上的體重。但是，他的身邊就會有人說：「以前的樣子比較豐腴好看」、「年紀大又瘦的話，看起來很沒福氣」等等，覺得他以前胖的樣子比較好看。這就是潛意識的維持現狀機制。

人若要有所成長，就要看他於身處何種環境、接收那些資訊，以及與哪些人來往。

有句話說：「假如你的人際關係在3年之間完全沒有變化的話，就代表你並沒有成長。」所在的環境、接收的資訊、交往的人都沒有改變時，自然就不會有成長的機會。

身兼5份工作的超級上班族且出版多本著作的石川和男說過：「若要讓自己的人生到達更高的階段，就必須擁有捨棄現居住所等一切身外之物的勇氣，因此也要捨棄你的朋友！」

自己有所成長以後，自然會跟以前的朋友合不來。**勉強維持以前的人際關係會讓自己備感壓力。**

與人分離是為了遇見與現在的自己勢均力敵的人。一直為了不適合自己的人鬱鬱寡歡，自然就很難讓別人喜歡。

若要成為一個讓人喜愛的人，也必須擁有被討厭的勇氣。

別執著人際關係，要有所成長！

第 4 章

行動篇

49 坐而言不如起而行

心理學家阿德勒說：「只具備好的意圖還不夠，更重要的是實際的行動、實際的付出。」德雷莎修女也說：「祈禱是可貴的，但是為他人付出更可貴。」**讓人喜歡的人會以行動去實踐自己的想法，而討人厭的人只會光說不練。**

會說「如果有我幫得上忙的地方，你儘管跟我說」的人通常都是光說不練的人。真正有心為對方付出的人就會付諸行動。

先前我因為癌症的關係必須住院治療，當時我選擇了名古屋的醫院，就有朋友特地從九州及大阪來探望，也有朋友送來一些對癌症患者有幫助的東西。這些朋友在我面臨生死關頭時用實際行動給予我溫暖，我一輩子都不會忘記他們。那時，他們的溫柔深深地觸動了我的心，我當時覺得就算最後治不好也不要緊了，這樣的我已經非常幸福了。

行動比言語更能傾訴人的心意。實際的行動一定能體現出自己的心意。

懂得抓住機會的人都是有行動力的人。

之前有個人在找工作，希望自己的證照可以在找工作時派上用場，於是我推薦一個經常在刊登招聘資訊的電子報給他。那個人對我說：「謝啦！如果還有其他電子報的話，你再告訴我喔！」我認為這樣的回答不妥，正確的做法應該是先採取行動，再跟我說：「我已經訂閱你推薦的電子報，謝謝你。」**在得到資源的同時也採取實際行動，再將自己運用這份資源的感想或情況告知提供資源的對象，懂得這樣做的人才會在未來獲得更好的資源以及把握住更好的機會。**付諸行動就是證明自己對這件事是抱持著認真不馬虎的態度。

A是一名攝影師，經常受到一些知名的經營者的引薦，也是一個懂得把握機會的人。之前我們在開視訊會議時，我向他推薦了一本不錯的書。結果，他立刻就在亞馬遜網路書店訂購那一本書，然後跟我報告，說：「我剛剛買了那本書！」他的行動力真是太讓我驚嘆。看到他這樣做，我以後還有好的資源也會很樂意再推薦給他。

不會光說不練，而是立刻採取行動的人，才能把握更多好資源及好機會。而這樣的人更讓人喜歡。

就像「你的存在太大聲，所以我聽不到你的聲音」這句話說的一樣，行動比言語更具說服力。

坐而言不如起而行！

50 保持主動積極的行動力

李浩己先生是日本Betonamu股份有限公司的負責人，從事人才培育的工作，平時往返於日本及越南兩地，是個非常有行動力的人。

有一次，我問他：「之後要不要約大家一起出來見個面？」結果3分鐘以後，他就傳了「好久沒見了，要不要辦個聚會啊？」的訊息到我們的LINE群組。他做事從不猶豫不決，說做就做。朋友找他參加讀書會也會立刻報名，非常有行動力。別人給他建議也會立刻去嘗試，所以不論是在工作方面還是個人方面，都能看到他驚人的改善及成長。

不同於行動力驚人的李先生，B是個行動力非常差的人。B目前單身，並且積極參與聯誼尋找結婚對象。只要有朋友問他要不要參加飲酒會，他就會一直問一些連主辦人也不能保證的問題，例如：「參加的人都是什麼樣的人？」、「大概有幾個人會來？」等等。不只如此，他還會過很久才回覆要不要報名參加。

對於主辦人來說，最困擾的就是有人遲遲不回覆是否參加，所以而後主辦人其實也不太願意詢問B要不要來參加。

B並沒有惡意，只是他的個性比較謹慎，不想隨意地參加卻以失敗收場。而且又不好意思說不想參加，**才會遲遲不給對方回覆，結果反而讓別人覺得他這個人很難相處。**

相反地，李先生對任何事情都有旺盛的好奇心，也有很好的隨機應變能力，所以他的行動力才會這麼好。面對突發狀況依舊能保持平常心，把它當成是正常範圍內的情況，這樣的心理在社會心理學上稱為**「正常化偏誤」**（Normalcy bias）。

一有突發狀況就要做出反應，會讓人在精神方面產生疲勞，所以大腦才會具備這種迴避壓力的機制。行動力好的人通常都會啟動大腦的正常化偏誤機制，他們樂於享受各種突發狀況。所以，他們就不必為了事先避免危險的發生，而對任何事情都保持戰戰兢兢的態度。

而且，這樣的人也具有內心驅使的旺盛好奇心，任何事情都勇於去挑戰，所以自然也會增加人生經驗值。人生的經驗值增加以後，就會有更好的能力去應付及處理問題。**行動力好又願意嘗試任何事情的人通常都很可靠**，所以也會讓人喜歡。

不必戰戰兢兢！

51 將時間與金錢投資在自我成長

某位擔任經營管理相關講座的講師設計了一份問卷調查，調查對象為1萬3千名企業人士，其中有一道問題是「過去一個月是否在工作相關的學習上自我投資」。結果，回答「是」的人僅有17%。據說這17%大多是在職場上有較高地位或是收入較高的人。

學習可以讓自己去探索未知的世界，也有機會去遇到志同道合的夥伴。機會是人帶來的，透過學習讓自己有所成長，當機會來臨時便能夠立即反應。

如何運用時間也會影響自我成長以及未來。有些人覺得買書很貴，而且就算買了書也學不到什麼。相反地，懂得透過書本學習的人則會認為「用1500日圓左右就能得到作者濃縮在這本書裡的個人經驗以及知識技能，真的很划算」。只會覺得買書就是讓錢包裡的錢變少的人是不會有所成長的。

花錢這件事可以分成浪費、消費與投資。浪費是把錢花在不必要的事物上，消費則是把錢用來購買生活必需品等必要物品，而投資則是花錢讓自己成長。我希望各位都要好好投資自己，「不曉得這個對我有沒有用」、「覺得這麼做很浪費錢」等等的心態都會阻礙自我成長。

金錢與物品可能會被盜竊，投資股票有虧損的風險，而知識及經驗只會累積在自己身上，別人想偷也偷不走——哪怕是失敗的經驗，也是讓人成長的肥料。

不斷自我成長的人也會有許多話題可以跟別人聊，不怕他們說的話無趣乏味。他們擁著豐富的經驗，會讓人不自主地想找他們談天，所以才會讓人喜歡他們。

被譽為諮商之神的卡爾・羅傑斯說：「一切的生命都要自我成長、自我實現。」小時候的卡爾・羅傑斯在一個只有小窗的地窖，看見馬鈴薯朝著透入微光的窗邊努力萌芽，於是有了這樣的體悟。

人也一樣，不管身在多麼惡劣的環境，還是要追求自我成長，期待有朝一日開花結果。花與人都會成長，自然會開花結果。沒有任何事物會比自然的傑作更美、更迷人。透過學習獲得成長的人自然會充滿魅力，讓人喜歡。

要積極地學習！

52 人生態度會影響自己最後的模樣

有句話說：「人離開時的樣子就是活著時的樣子。」

在某一間家族企業裡，公司的專務也就是社長的姪子。公司的員工被專務盯上、設為霸凌目標後，就會開始瘋狂地被對方找麻煩。例如，專務會對A員工要求：「你去把我的車開過來。」命令A員工把他的名車從停車場開來公司後，開始以各種理由找碴。一下子說：「你這個傢伙把我的車開到刮傷了！」一下子又說：「你這個傢伙偷開我的賓士對吧！」

而沒多久，專務卻過世了。其實，當時專務蠟黃的臉色早已顯露病態，但公司員工都人人自危，怕成為新霸凌目標而沒有人跟他提起。雪上加霜的是專務獨居，因此也一直都沒辦法得知自己臉色有異而及早就醫。

其生前的為人及作風讓他人對他三緘其口，最後蠟黃的病容甚至影響到遺容。

我有位朋友是壽險的保險業務員。有一次，他問我：「你有沒有想過最後會有哪些人、有多少人出席你的告別式？」他**希望在自己離開後還有人懷念他**，所以就會站在客戶的角度，實踐愛的行動。正因為他從事壽險的工作，接觸關於人的生與死，才會去思考自己想以什麼樣子離開，並以相符的態度去活著。因此，他才會具備溫柔敦厚且無愧於人的人生態度。

假如**明天就是人生的最後一天，許多的煩惱都不再是煩惱，也會對一直都不肯原諒的人感到釋懷**。我想應該很多人都會是這樣的吧？像這樣把每一天都當成是人生的最後一天，把握並活在當下的人都會讓人喜歡。

在教練式領導的教學中，也會以「你想在你的墓誌銘留下什麼文字」的問題讓人去思考關於死亡，問問自己現在想要怎麼活。

人稱世界鋼鐵大王的安德魯・卡內基為自己寫下的墓誌銘是「懂得將比自己更優秀的人留在身邊的人長眠於此」。人生的態度會決定最後離開時的樣子。當我們去思考自己想用什麼模樣離開這世界時，就會改變自己的人生態度。

想想人生的終點！

53 將自身缺點變成武器

你覺得一個受歡迎的酒店女公關應該具備什麼條件？長得美麗動人？還是能言善道、體貼入微呢？

之前有電視節目介紹一位年收6億日圓的酒店女公關，最令人意外的是這名酒店女公關的賣點竟然是「長得醜」。

她面試了30間酒店，沒有一間酒店願意雇用她。直到面試最後一間酒店，對方在她的苦苦哀求之下才答應讓她來酒店打工，但是只願意付她一半的薪資。

她開始在酒店上班以後，經常遭到酒客怒罵她：「妳這個醜女別看著我！」、「你把酒都搞難喝了！」她也常常躲在廁所裡偷哭。

不過，她就是從這些辱罵開始逆轉自己的人生。

「反正都這樣了，我就乾脆什麼都不管，醜就醜！」隔天開始，她就用開朗有活力的聲音跟客人打招呼：「你好！我是長得很醜的女公關○○，請多指教～」她不像其他漂亮的女公關擺架子，反而展現出有趣搞笑的形象，把客人逗得樂呵呵。客人在其他漂亮的女公關面前都會保持形象，但在她面前就能吐露難以啟齒的抱怨與煩惱。做出這樣的改變以後，在不知不覺之間就有愈來愈多的客人指定她，讓她成為了銀座第一的女公關。

人類是一種會隱藏自身缺點的動物。**透過掩飾缺點以及裝模作樣，就能將自己塑造出良好形象。但是，這樣做就是在對自己的潛意識傳達「你以你的缺點為恥」、「你在否定自己」的訊息，降低自我肯定感。**

人的大腦都會追求快感、迴避痛苦，所以改掉缺點的過程往往讓人覺得痛苦又漫長。

既然如此，倒不如將缺點打造成自己的賣點，也許才是更明智的選擇。

我有一個朋友是禮儀講師，而她的頭銜是「前第一酒店女公關的禮儀講師」。她剛開始當禮儀講師時也很懷疑這個前酒店女公關的頭銜會不會造成負面影響。不過，正是因為這個前酒店女公關的頭銜讓人覺得「好像比一般的講師有趣」、「禮儀講師都給人一種難以親近的感覺，也許這個人會不一樣」，所以有許多客戶都是衝著這個頭銜才請她去演講。**自己認為的缺點在別人眼中也許就是優點。**不要隱藏自己的缺點，坦露自己真實的面貌，才會遇見真正接納自己的人。

坦露自己的缺點！

54 以肯定的態度面對未發生的事

在電影《瞞天過海：13王牌》中，有一幕是主角計畫破解賭場的金庫，這座金庫不僅有警衛嚴格把守，還有高科技的安全系統。

成員中的駭客說：「這套安全系統太強了，我沒辦法讓它停止運作。」

主角說：「假如可以讓它停止運作的話……」

駭客又說：「沒有假如。絕對不可能讓它停止運作！除非發生神蹟或是天災……」

主角說：「如果我們能破壞主機的話……」

駭客：「你別做夢了。」

主角：「不過，我相信如果是你就一定行。」

駭客：「你可別這樣捧我。好啦，拿我的電腦來。」

在這短短幾句的對話中，穿插了一種能讓不可能變成可能的神奇問法。「假如~的話」的提問方式在心理學上稱為**「As If Frame」**。駭客原本篤定關掉主電腦是絕對不可能的事情，其實就是戴著「不可能、辦不到」的有色眼鏡（Frame，框架）在看待事情。人能實現的事情就只有自己想像得到的事情。所以，他戴著「不可能、辦不到」的有色眼鏡就絕對不可能讓系統停止運作。然而，電影的主角一直都是**戴著想像成功的「假如成功的話會怎樣」的眼鏡。**

沒錯，**篤定自己一定做不到，並且一直抱持著可能失敗的想法，是無法解決任何問題的。**假如主角從頭到尾都是用「為什麼這樣不行」、「萬一失敗的話怎麼辦」的問題導向型提問方式，這個計畫也許真的會失敗。

「問題導向型的提問會讓人產生負面思考及藉口，而解決導向型的提問則會讓人產生正面思考及解決對策」。所以，同樣都是「As If Frame」的提問方式，「萬一失敗的話怎麼辦」與「假如成功的話會怎樣」的結果就會是天差地別。

懂得使用肯定、正面的解決導向型提問方式打開解決問題的那扇門，這樣的人才會讓人都喜歡。

找出解決問題的可能性！

55 以助人為人生目的

之前我發現自己得到癌症時，我拜訪了幾位抗癌鬥士。

杉浦貴之先生發現自己得到腎臟癌時，醫生告訴他只能再活半年。從醫生宣判他的病情到現在已經過了20年，他依然健在並完成了好幾次的檀香山馬拉松。他跟我說：「我不是治好了身體才跑馬拉松，而是跑了馬拉松才治好身體。」如今，他也發行了雜誌《Messenger》，分享抗癌鬥士的故事。

指導己書的則武謙太郎先生曾花了6年的時間與恐慌症奮鬥。據說他也曾為此感到焦慮，心想：「我以前那麼強勢，都跟人說不能輕易在別人面前落淚，結果我自己卻得到了恐慌症。絕對不可以讓別人知道這件事，我一定要在別人發現之前趕快治好才行。」結果，這樣的心思反而讓他的病情變得更嚴重。不過，在他開始與恐慌症奮鬥以後，他也告訴自己：「現在確實很辛苦，但是成功克服的話，總有一天也能換你鼓勵別人。」最後，他終於戰勝了恐慌症。現在的他在全國各地指導己書，同時也是一名諮商師。

從這兩位鬥士的故事，我了解每個人都有自己恢復精神的方式，不過大家的想法都有共通點。

第一個是擁有「後設目標（Meta Outcome，超越目標的目標）」。他們目標的並不是治好病，而是找到自己康復以後想做什麼事的後設目標，所以才會讓自己的身體好起來。

第二個是**擁有超越自己的目標**。人都有追求安心、安全的需求，保持自己的性命安全及價值觀是人生第一要事。不過，創造奇蹟的人、**在事業等方面創造輝煌成就的人都是超越自己的人，活著不光是為了自己，更是為了他人、為了世界**。

NLP認為這樣的人「已經超越了思維邏輯層次（Neuro logical levels）的身分層次，到達了精神層次」。擁有超越自我的目標，就能對許多人發揮出自己的影響力。因為，他們內心的箭頭都是朝向別人及社會，而人都喜歡願意主動關心自己的人。

聖人云：「請先為自己努力。當它最後成為了他人的助力時，你就會成功。」

超越自我的欲望，不只為自己更為他人而活的時候，成功與奇蹟的大門就會為我們敞開。

設定超越自我的目標！

56 向有成功經驗的人討教

想要徵詢意見時，最理想的對象就是自己的典範目標。不過，我們在找人討論時往往都會直接找身旁的人。假設現在有個人要自立門戶創業，你覺得他應該找以下三位之中的哪一位商量？

①在當上班族的朋友

②自立門戶創業失敗的人

③自立門戶創業成功的人

這個人應該要找③自立門戶創業成功的人討論，才是最好的選擇。

①在當上班族的朋友是體會到身為上班族的好處的人，②自立門戶創業失敗的人沒有成功創業的經驗。所以這兩個人都非常有可能對自立門戶創業提出負面的看法。

NLP的創始人之一理察・班德勒說：「你問生病的人他為什麼生病，也許你會知道他生病的原因。但知道為什麼生病跟知道如何讓身體健康是兩回事。你真的想讓身體健康的話，那你就應該去請教身體健康的人才對。」這就是**「模仿」（Modelling）**的精髓。建模指的是為了創造好的結果，而模仿對方的思維或行動。而模仿的重點就在於**找到跟自己的目標方向一致，且已經成功達到目標或收穫結果的人。**

同樣的道理也能運用在找結婚對象。我有一個朋友過了40歲才結婚。她想結婚的時候已經過了40歲，而40歲以後的人成功結婚的機率為20～30％，並不是很高。她鎖定了已經結婚並過著幸福生活的朋友，將這些朋友為了結婚做過的努力照做一遍。最後，她成功找到了對象，並且在3個月後步入婚姻，現在過著幸福美滿的生活。

道元禪師也說：「若是沒有好的老師來教，還不如不學。」**倘若不是向透徹正道的大師求教，就算學了也等於白學。**懂得選擇「大師＝模範」的人才會讓自己用正確的方式成長，達到自己的目標。他們也不會因為夢想毀滅者（用否定負面的話阻礙對方實現夢想或目標的人）說的話就放棄自己的夢想，所以才會讓人喜歡。

要找成功的人徵求建言！

57 開始比目的更重要

在潛意識法則中，開始比目的更加重要。

任何事情都在開始的那一刻就已經決定了結果。在土裡撒下向日葵種子，最後就會開出向日葵；撒下的種子如果是鬱金香的種子，便絕不可能開出向日葵。因此，**行動的動機比最終目標更加重要。**

開始學習某件事時，假如抱持著濃厚的興趣、滿懷欣喜地學習，那麼所學將會使人生更加豐富。但是，如果學習動機是來自內心的恐懼，害怕不學習就會被人恥笑等等，那麼學習就不會使你的人生變豐富。種什麼因便會得什麼果。

潛意識會吸引並且進而實現你深信不已的事。

之前日本播過一檔綜藝節目，名為《巴黎時裝周養成班》（暫譯），由模特兒出身的安美佳指導一群目標登上巴黎時裝周伸展台的模特兒。在試鏡的時候，節目組請模特兒回答為何目標是巴黎時裝周的伸展台，結果有個模特兒的回答是「為了讓自己變優秀，報復前男友」。最後安美佳淘汰掉這位模特兒，理由是「目標登上巴黎時裝周伸展台的模特兒必須兼備健全的身心。為了報復才想登上巴黎時裝周的伸展台，並不是好的目的」。

為了報復某人才想登上巴黎時裝周的伸展台，這樣的模特兒完全比不過真心喜愛時裝的模特兒。因為，她在伸展台上的每一步都會散發出她對前男友的怨氣。能感動看秀觀眾的不只是肉眼所見之美，還有模特兒發自內心不可見的熱愛。正因台下觀眾內心能感受到愛，由熱愛時裝的模特兒走秀才感動得了台下的觀眾。

世界上最成功的服裝設計師雷夫・羅倫說：「我設計的不是衣服，而是夢想。」假如他的出發點是為了賣衣服賺錢，或是藉此讓自己聲名大噪等等，也許他的品牌Ralph Lauren就不會成為世界級的服裝品牌。任何時候，「出發點＝動機」都是非常重要。

雷夫・羅倫還說：「因為你樂在其中，所以你的事業才會成功。而證明這一點的人正是我們。」他並不是等到事業成功以後才覺得開心，而是先播下了快樂的種子，再開創他的事業，所以他的事業才會有所成就。

動機是愛，形成的波動也會是愛。這樣的人才會俘獲人心。

播下以愛為始的種子！

58 即使會丟臉，也值得冒險去做

C是中國人，非常重視運勢的他在決定家裡的擺設之前一定要先看過風水，諸如東側方位要擺放龍的裝飾等等。他的工作是在日本販售中國進口的商品，雖然會講的日文並不多，但來到日本以後還是打進日本企業人士的圈子。即使C語言不通、被人取笑，也沒有因此被打敗，而是靠著自身的行動力與溝通能力，開拓出一番事業。

在跟許多人對談的過程中，我覺得「運勢」、「行動力」以及「溝通能力」是開拓人生的3個必要能力。出身中國的C就是同時具備了這3項條件事業才會發展順利。

A想要找到結婚對象，因此非常積極地去能量景點吸收能量，也會調整房間的擺設，希望透過風水改變自己的運勢。但是，真的有機會去相親時，又會表現得很消極，總是推三阻四。就算偶爾答應相親，一旦發現對方有什麼缺點，又會抱怨個不停。所以就算再怎麼注重運勢，也因為欠缺行動力與溝通能力，導致他始終找不到對象。

B正在找工作，雖然會參加日本厚生勞動省的求職服務「Hello Work」舉辦的禮儀講座等等，卻因為害怕面試不成功，覺得面試失敗的自己就好像被人否定而幾乎不曾參加企業的求職面試。

前面提到的A也是一樣，他的行動力不足或許正也是因為害怕就算答應去相親，最後還是被相親對象拒絕。最有可能開花結果的行動都存在著被人拒絕、出糗的高風險。而能夠順利開拓人生的人，往往反而不怕出糗且更具有行動力。

想把不可能的事變成可能的事，有時也必須不怕出糗。

在棒球比賽中，打者只要站上打擊區就有可能被三振出局，讓自己難堪。但不站上打擊區的話，擊出全壘打的機率就絕對是0。而且，**當你陷入窘境時，別人看到你就算出了糗還是不肯放棄的樣子，往往反而會願意為你加油鼓勵。**看到小狗摔得東倒西歪還是拼命追著球跑的模樣，你會不會想要替牠加油吶喊呢？這樣的心理稱為**「敗犬效應」（Underdog effect）**，指看到別人陷入窘境時，就會想要為對方加油。

讓人喜歡的人都會靠自身的努力讓別人為他加油，掌握機運。

不能只依賴運勢！

第 5 章

正向思考篇

59 當個「算了！就這樣吧！」的人

一般認為富有正義感是一件好事，不過心理學則認為正義感愈強的人就愈容易有壓力。富有正義感的人也就是很多事抱持著「必須要……」態度的人。**常說「必須要……」的人就容易在與人相處的過程中跟人產生糾紛。**

人之所以會出現「必須想辦法準時」、「必須把飯吃乾淨」等等的想法，是因為自己的經驗告訴自己這樣做才是對的，並且成為自己的信念。用「必須要……」的方式去看這世界的話，就會覺得遲到的人不可原諒，自己剩下食物就會產生罪惡感。自己的「必須要……」信念其實就是壓力的來源。

有一個朋友在應對訪日外國旅客能力的研修活動中擔任講師，她總是喜歡說自己是「牙買加人」。其實她是個日本人，而且英文很好，會這樣說是因為她遇到任何事情都不會太過鑽牛角尖，總是會說「好吧，那就算了吧」。而這句話的日文發音（Jya、maiika！）跟牙買加（Jamaica）的日文發音相似，所以才會開玩笑自稱是牙買加人。擁有這樣的心態是一件非常重要的事。有些國家的人覺得上完廁所不洗手很正常，有些國家的人則覺得直接把垃圾丟在店裡的地板是一件理所當然的事。假如她對這些事情都要斤斤計較讓自己焦慮不已，那她絕對不可能擔任應對訪日外國旅客研修講師。

以非黑即白、不是0就是100的想法來判斷一切的事物，完全沒有任何灰色地帶容易導致憂鬱。具備睜一隻眼閉一隻眼的寬闊胸襟對於心理健康以及人際關係而言都是非常的重要。比起任何事情都覺得「必須要……」的人，會用「好吧，那就這樣吧」的想法去看待事物的人煩惱的事情就會比較少。信念必須先具備柔軟性，才能發揮出它的作用。一旦固執地認為任何事情都「必須要……」的時候，信念就會變成枷鎖折磨自己。

認為事情都「必須○○」的人會設下很多規矩，並嚴格要求他人遵守，無法容忍規定被破壞。人在審判別人時會帶著激動的情緒，表現當然不會和顏悅色。

具備寬闊胸襟，看待任何事情都是「好吧，那就這樣吧」的人就不會嚴格地仲裁他人。所以，別人也會覺得在他身邊是安心的，自然容易卸下心防。他們也不會因為別人打破自己的規定而心煩氣躁，所以可以時常保持愉悅的心情。正因為他們的情緒穩定，不對枝微末節的事情斤斤計較，才能顧全大局，做出最適合的判斷。

✻ 凡事放寬心，就說：「好吧，那就這樣吧！」

60 要有自責自誇的自我對話能力

擁有行動力的人都很會「自我對話」。「自我對話」就是自己在心中或現實中跟自己對話。例如：在餐廳點餐時經常會出現自我對話的情況。

「今天要吃什麼好呢？」

「昨天吃過義大利麵了。決定了！今天就吃漢堡排吧！」

自我對話就是像這樣自己跟自己講話，而且我們一整天都會持續進行這樣的「自我對話」。有個說法表示我們每天跟自己講話的「自我對話」次數可達5萬次以上。沒想到我們居然能跟自己講這麼多話，所以自我對話的內容肯定也會影響自己的幹勁及行動力。

A的行動力特別強，每當完成一項工作，他就會歡呼：「太厲害了！這份資料真是不得了！我真是優秀啊～」

而若是發生讓他覺得開心愉悅的事情，他就會說：「哇！太幸運了！竟然能在這裡遇到他！我真是太走運了！」

就算只是一點點的小問題，他還是會說：「哇賽！再繼續做下去就大事不妙了。還好現在問題已經被我發現了~」

他的**「自我對話」內容全部都是對自己的肯定**。也可以說是在老王賣瓜，自賣自誇。在心理學的實驗中，也發現可以透過「自我對話」對自己表達肯定的人，通常都會有比較好的解決問題能力。

透過「自我對話」重複告訴自己：「你做得到！」就會讓自己覺得「我是一個很棒的人」、「我是一個有價值的人」，形成更高的自我形象。反覆的行為會強化我們的潛意識，而更高的自我意象會讓我們發揮出更好的能力，也能建立起良好的人際關係。

相反地，自我形象低，覺得「自己是一個沒有魅力的人」的人，通常對自己沒有信心，反而很難跟別人變親近。沒有自信的話，希望受到他人認可的認同需求就會愈來愈強。一直尋求他人的認同，反而會讓別人覺得厭煩，也就沒辦法建立起良好的人際關係。

人生中陪自己走得最遠、最久的那個人就是我們自己。以肯定自己的「自我對話」創造出更好的表現是非常重要的一件事。

要誇獎與犒勞自己！

61 全力保持良好的感覺

當夫妻間的感情不和睦時，一起重遊當初交往或新婚蜜月時去過的地點，回憶當初的點點滴滴，是修復夫妻關係的方法之一。舊地重遊可以讓二人回憶當初交往時或新婚時的日子，想起以前發生過的點點滴滴，再次感受當初的美好，所以有助修復二人的關係。

有對夫婦一定會在結婚紀念日及聖誕節回到兩人當初舉辦婚禮的地方約會用餐。二人一起回憶結婚之初的情景，也回想起攜手共伴的初衷，建立起良好的夫妻關係。現在的Facebook也有動態回顧的功能，會自動跳出「○年前的今天」的貼文回顧，所以還可以把這些貼文分享給對方，喚醒彼此初次見面時的感覺。

在修復人與人之間的關係時，促使彼此想起過往美好回憶的行為在心理方面是很有效的方式。

不過，跟對方的關係真的已經完全決裂的話，當下的自己也不會承認以前的美好回憶。

A透過朋友的介紹認識了他的妻子，結婚時還跟那個朋友說：「感謝你把這麼好的人介紹給我。」結果，A在結婚幾年以後就愛上了別人，打算與妻子離婚。那時，A還說：「我認識她（妻子）的時候剛好是我在工作上的低潮，所以才會聽了朋友的介紹就跟她交往。我覺得自己有種被騙的感覺。」

一旦現在想離婚的心情一發不可收拾，甚至也會竄改過往的美好回憶。人都是以自己現在的心情、想法給過去的事情賦予意義。

一切的事都會受到現在的心情、感覺所影響。例如：肚子餓的時候去採買食材的話，通常就會不小心買太多。這是因為人在肚子餓的狀態下，就會無意識地覺得未來也會再發生肚子餓的情況。所以才有人說採買食材要省錢，就要在買東西之前先吃顆糖果，或是先吃飽飯再出門。在飽足的狀態下就會讓人覺得未來也會是飽足的狀態，所以就不會多買不必要的食材。

所以，假如你想跟某人維持良好的關係，那就別再為了過去及未來的事情爭吵，要好好珍惜在一起的現在。

好好珍惜在一起的現在！

62 缺點也可以是優點

人的缺點與優點就像硬幣的正反兩面一樣。

例如：你覺得蛋糕的優點是什麼？我想應該是甜甜的很好吃。而蛋糕的缺點之一則是讓人變胖。不過，蛋糕甜甜的很好吃是因為加了糖，而蛋糕會讓人變胖也是因為加了糖。換句話說，蛋糕的優點及缺點的出處都一樣。

優點……甜甜的很好吃　原因↓蛋糕裡面加了糖

缺點……會讓人變胖　原因↓蛋糕裡面加了糖（熱量高）

優點跟缺點也是一樣，一個人的優點如果是具有領導力的話，那缺點可能就是太過強勢；一個人的優點如果是溫柔謙和的話，那麼缺點可能就是優柔寡斷。優點跟缺點是一體兩面，假如一直要改掉自己的缺點，結果最後連優點都消失的話就沒有意義了。容易自我否定的人也容易只看到自己的缺點。我們的**能力會跟心理狀態成正比。**在任何情況下都要選擇會讓人心情好的思維方式以及說話方式。

宣傳商品【缺點】非必需品　【賣點】最棒的奢侈品

面試　【缺點】好管閒事　【優點】古道熱腸

自卑的人總會有「我很差」、「討厭自己」的想法，會嫉妒並攻擊較為優秀的人，發言也多半傲慢自大，以不顯得那麼自卑。有時也會把自身缺點當成藉口，拒絕採取行動，自覺「反正就是不行」。

阿德勒心理學當中有個觀念是「運用的心理學」，也就是「重要的不光是你學到了什麼，還有如何運用所學的內容」。別把自己的缺點或情節當作拒絕行動的理由，而是要賦予正面的意義並且積極地行動，這是「運用的心理學」所要表達的重點。能把缺點轉變成優點，而且自我肯定感高的人，不論對誰都會保持親切態度，所以就會讓人喜歡。

人生比我們想像的更短暫，也許還來不及修正完自己的缺點就過完了這一生。與其改進自己的缺點，思考如何拓展自己的優點才是更有建設性的做法。

比起改進缺點，不如花更多心力去拓展優點！

63
口頭禪造就人生

有人說，口頭禪會決定自己的人生。

德蕾莎修女說：**「要注意你的思想，因為你的思想會化成你的語言；要注意你的言語，因為你的言語會成為你的行為；要注意你的行為，因為你的行為會養成你的習慣；要注意你的習慣，因為你的習慣會變成你的性格；要注意你的性格，因為你的性格會造就你的命運。」**

思想會影響我們的人生，尤其是在NLP的身份層次裡與自己有關的「我很開朗」、「我很認真」等等的思維。

有個口頭禪是「我是個討人厭的人」男人曾鬧出一些風波——不論發生什麼事情，他都會覺得別人在討厭他。

搭電車時，如果他旁邊的座位沒有人坐，進入車廂的女生又剛好坐到他對面的空位，他就會難過地覺得：「她怎麼不坐我旁邊，一定是討厭我才會這樣。」

在工廠上班時，假如大家一起送洗的工作服只有他的沒有被送回來，他也會覺得是公司在故意找他麻煩。

人生當中本來就可能發生剛好只有自己的制服忘記被送回來的情況，也可能發生開會時只有自己的座位上忘了放便當的情況。不過，只要不認為自己是個被討厭的人，其實就不會對這些事情產生過度反應。

怎麼看待自己會影響到自己看待事物的方式，也會深深影響往後的人生。

我有一位朋友的老公是義大利人，她說：「義大利人都很自戀，我老公也是一樣，一直說自己很帥。其實他不僅是大餅臉，還長得很矮……」這位先生覺得自己長得很帥，所以總是把自己打扮得很好看，經常面帶笑容，對待女士也非常溫柔有風度。他覺得女性應該都會喜歡他，所以他不管在女性面前做什麼事都保持遊刃有餘的態度，實際上也確實很受女性歡迎。

受歡迎的祕訣不是長得好看，而是你的習慣使用的說話方式。如果習慣使用正面積極的措詞，在面對任何事物時也會抱持積極樂觀的態度，自然會讓人喜歡。

描述自己是○○的人時，要選擇正面肯定的詞彙！

64 用肯定的態度接受一切發生的事

NLP有個技巧稱為**「換框法」（Reframing）**，這項技巧是對於發生的事情賦予不同的意義，以積極的態度看待事情的發生，不給自己帶來負面情緒。

我們都容易受到事情的影響，而產生悲傷難過或開心高興等情緒，但其實這些發生的事情並不會讓你的心情變開心，也不會讓你變得哀傷。**自己的價值觀是什麼、帶著什麼樣的眼鏡去看待事情的發生，才會左右自己的心情。**

事件	價值觀	心情
失戀	我沒有魅力，才會被甩	低落
失戀	也許下一個人才是對的人	高興
被同事說壞話	我不能被人討厭	低落
被同事說壞話	自己的實力太好，連同事都要嫉妒	高興

就算失戀，不同的價值觀也會讓人有不同的感受。因為失戀而否定自己，覺得自己沒有魅力，這樣做就會讓自己的心情變得低落。

但如果當成是老天在告訴自己「這個人不適合我」，要給自己一個尋找命中注定對象的機會，就能以積極樂觀的態度看待失戀。

心態管理做得好的人對於發生不好的事都有很強大的換框能力。

人的大腦有**「消極偏見」(Negativity bias)**的傾向，也就是對於負面的事情會有強烈的反應，並且深植在記憶之中。腦科學家瑞克・漢森表示，遠古以前的人們為了能在危險的狀況下做出正確的判斷，於是發展出「消極偏見」的機制。

例如：當你聽到「那個人打扮得真好看，但是很會亂花錢」、「那個人工作能力好，但是酒品很差」的評價時，你有什麼感覺呢？是不是會把焦點都放在缺點的部分呢？**人都會像這樣無意識地先接收負面的資訊。**所以一個不注意就會挑別人的毛病。

而積極看見別人優點的人，人生及人際關係都會很順利。

就算發生的是不好的事，也要賦予它正面的意義！

65
絕望是希望的開始

會堅強面對逆境，抱持著「絕望是希望的開始」、「困難與阻礙都是勝利的預告」等心態的人，在遇到危機時都會習慣去思考：「這是危機還是轉機？」我們對於事情的發生賦予何種意義，都會深深地影響人生的走向。

而且，在面對事物時不能只看一個點，還必須看到一條線。

A在日本是一名事業有成的司法書士，大學畢業以後進入一般企業擔任行政職務，後來想跟大學時期交往的男友結婚，但考慮到之後的工作會愈來愈忙碌，所以打算辭職去上課學習烹飪、裁縫等家務能力。但是過沒多久，她的男友就提出分手，理由是他愛上了別人。失戀的打擊讓A整天以淚洗面，辭掉工作再加上突然失戀的衝擊更是讓A陷入絕望的深淵。

不過，整天哭哭啼啼也不是辦法，於是A報名了補習班，下定決心要考上司法書士。她上補習班從不化妝打扮，每天都帶著兩顆飯糰去補習班當午餐，其他時間就到圖書館唸書。最後，一次就考上了公認難以在一年內上榜的司法書士。

她說：「現在回頭看，那時的我因為沒有談戀愛又沒有工作，所以才能夠專心讀書。」現在的她已經是一名事業有成的司法書士，並在大阪的黃金地段開了一間司法書士事務所。

人生中有很多事情都是這樣，若只看當下，**也許會覺得那是人生中最糟糕的事，但之後再回頭看的話，其實都是最好的轉捩點**。在「塞翁失馬」的故事中，一位老翁的馬逃跑了，就在眾人都在替老翁感到可惜時，那匹馬不但回來了，還帶了其他馬一起回來。後來眾人又向老翁賀喜，結果老翁的兒子騎著新的馬去田裡幹活時，卻從馬背上掉下來並摔斷了腿，讓他因此意志消沉。但是過沒多久發生了戰爭，老翁的兒子因為瘸腿而逃過被徵召入伍的命運。

人生中有些事情單獨看待的時候會覺得很糟糕，但如果把它們放在很多事情連起來的線上，其實看起來也不是那麼糟糕。因為，絕望有可能就是希望的開始。

許多人在碰到問題時，內心都會產生動搖，想法會變得悲觀，讓自己消耗許多能量。相反地，積極面對問題的人則會帶著足夠的能量去解決事情。能把危機變成轉機而且又可靠的人，就會因此讓別人喜歡。

危機就是轉機！

66 以愉快的心迎接困難

古今中外都有許多的英雄，美國的神話學家約瑟夫・坎貝爾研究全世界的神話，發現神話中的英雄都有個共通點。NLP稱之為「**英雄旅程（Hero's journey）**」，簡單來說英雄都會經歷以下的過程。

①起初是個平凡人
②發現自己的使命（任務），踏上旅程
③遇見願助自己一臂之力的夥伴
④遇到了阻礙自己達成使命的敵人
⑤達成使命，回到故鄉（向眾人分享自己的經驗）

提到日本的英雄，《桃太郎》的故事發展就是最經典的「英雄旅程」。

為什麼父母要讀這些神話故事給孩子聽呢？那是因為父母想要教導我們「人生態度的

雛型」也就是「人要如何活著以及死去」。美國電影導演喬治・盧卡斯也受到「英雄旅程」思想的啟發，製作了電影《星際大戰》，成為全球熱賣的電影。在《哈利波特》等大受歡迎的故事中，「英雄旅程」正是人們所追求的人生態度。

故事的主角了解自己的使命，並帶著滿腔熱血突破重重難關。這股熱情與能量就會讓人忍不住被吸引。即使在逆境之中也不灰心喪志，依然有辦法重新振作起來的能力稱為**「心理韌性」**。心理韌性強大的人不論遇到多麼艱辛的事情，都會認為這些經歷是有意義的。英雄總是傷痕累累，卻不曾抱怨，因為他們知道經歷這些辛苦的意義就是為了自己的使命。

所以，**那些遭遇逆境卻像英雄一樣踏上旅程的人都會非常有魅力，讓人忍不住喜歡他們。**

許多人一遇到困難就立刻放棄。但是，只有「英雄」也就是「人生的主角」才會遇到這些困難。會遇到困難就證明我們的人生還在順利地往前進。

遇到困難就代表人生還在順利往前進！

67 接納事物的所有面貌

各位覺得逛街時會把目光放在名牌商品的人都是那些人呢？

是不是馬上聯想到喜歡買名牌商品的人呢？其實不只是喜歡名牌商品的人，就連討厭名牌商品的人也是如此。當心中對某件事物抱著「○○就是不好」的強烈抗拒時，反而會更容易去注意它。如果是對名牌商品完全沒有興趣的人，基本上連看都不會看一眼。正因為根本不在意，所以就不會去注意。

我有一位在當老師的朋友跟我說：「我不能接受有人在電車上化妝。」因為「化妝不是適合在大庭廣眾之下做的事情」是他的價值觀，所以不論是在電車上還是家庭餐廳裡，只要看到有人在化妝，他就會覺得很厭惡。

我很少看到有人在電車上化妝，更不曾看過有人在家庭餐廳做這件事。我想，會在電車上化妝的人肯定不在少數，只是因為我並不在意，所以就不會特別去注意。

假如各位看到某件事物就會覺得心情煩躁的話，那其實個很好的機會，讓我們發現自己原來對這件事物抱持反對的態度。

人如果想要活得幸福快樂，方法之一就是不再評斷事物的好壞。

例如：認為「擁有想像力是一件很好的事」的想法看起來並沒有什麼不好。但是，這個價值觀可能也會讓人衍生出相反面的價值觀，也就是去否定與之相反的事物，例如：「我是個沒有想像力的人，沒想像力的人就是沒用的人」等等。

一旦擁有否定的價值觀，就會有源源不絕的焦慮。

佛陀以「不論天上降下的是奇蹟還是糞尿，大地都會平等地接納」闡述大地的寬容。一旦習慣去評斷任何人事物的好壞，內心就不可能獲得平靜。

人們在佛陀的面前能得到精神慰藉，是因為佛陀不會去評斷他人的好壞。**不必面對他人的議論，人就能放鬆做回真正的自己。**不去評斷一切事物及他人的好壞，接納所有的人事物皆有各種面貌的人，都會用寬容的態度去對待他人。正因為如此，這樣的人才會受到別人的喜愛。

不去評斷一切事物及他人的好壞！

68
別在意別人的批評

在面對他人的批評時，很多人都有「他居然這樣說我……」的煩惱。這時我們必須思考，這個人是值得自己做為榜樣的人？還是自己要引以為鑑的人？

值得當作榜樣的人通常是思考及行動都會讓自己覺得應當效仿的理想對象。而必須引以為鑑的人則是他的一言一行都會讓自己覺得不可效仿。

在美國的心理學雜誌《PSYCHOLOGY TODAY》中，曾提及「實際上別人的批評幾乎都跟自己沒有關係」。

美國的精神科醫師威廉・葛拉瑟醫師說：「會建立不幸福的人際關係的人都喜歡使用外部控制（照著自己的期待去控制他人）。這些人認為『要懲罰做錯事的人，這樣他們才會去做我們認為是對的事情。然後再給他們獎勵，這樣他們就會去做我們期望的事情』。」而透過外部控制改變他人的手段就是「批評」、「鄙視」、「責罵」、「懲罰」與「獎勵」。

所以，在大部分的情況下，**會批評你的人不是他們本身就有問題，就是他們想要控制你。**

然而，自我肯定感低的人有時都會相信「批評我的人會準確判斷我的價值」。聽信無良算命師說的「你的命很差，你要捐款來消除你的業力，這樣就可以幫你改運」之類的話，結果最後才發現自己被騙了一大筆錢的人，就是這種類型。他們**比較相信對自己的低評價，不太相信別人對自己的肯定**，所以就會認真看待別人對他們的批評，結果最後害自己受騙上當，大受打擊。

相反地，自我肯定感高的人不會在意別人的批評。當值得做為榜樣的人給予建言時，他們會懂得虛心接受，而應該引以為鑑的人批評他們時，他們也能做到充耳不聞。沒有人會喜歡受到批評就會情緒不穩定的人。總是能夠做自己並保持自在心態的人才會讓別人喜歡。

別去在意要引以為鑑的人對你的批評！

69 用蟲的視角看待開心的事情

我想請各位想像自己在迪士尼樂園玩遊樂設施「飛濺山」的模樣。

①看見自己坐在往下俯衝的圓木舟，濺起的水花噴到自己身上的畫面，並回味著那種感覺。

②眺望著飛濺山的岩壁，遠遠地就能看到一艘載著數名乘客的圓木舟，自己正是其中一位乘客。感覺就像從遠方將這個畫面拍成照片一樣。

在NLP中，①的角度稱為**「連結」(Associate)**，②的角度稱為**「抽離」(Dissociate)**。

連結……以主觀的角度看待發生的事情，讓自己感同身受

抽離……以客觀的角度看待發生的事情，抽離自己的情緒

簡單來說，「連結」就是用昆蟲的視角去看世界。對於昆蟲來說，一切的事物看起來都是那麼近又那麼大，所以就可以用自己的五感去感受一切發生的事情。

相反地，「抽離」就是用鳥的視角去看世界，冷靜地俯瞰一切事物。

NLP將自由切換「連結」與「抽離」的點稱為**中立位置**。只要能夠靈活切換這兩個視

角，就能控制好自己的內心。

A在開會做簡報時如果得到別人的稱讚，他就會對自己分析：「這只是因為產品的性能好，並不是因為我的口才好。可別這樣就得意忘形。」把自己抽離這件好事，不讓自己感覺良好。相反地，如果開會時的簡報表現不佳，他就會把自己跟這次的糟糕經驗連結起來，心想：「是我的責任，大家肯定都覺得很無聊。」沉浸在自責的情緒中。

A這樣做不但沒辦法提供自己更好的動力，還會打擊自己的信心。日本人的美德之一是謙虛，但過度謙虛反而會讓人喪失自信心。**值得高興的事情時就應該要與之連結，將成功的經驗深刻在心中，提升自己的信心。在面對問題時、遇到困難時，則要將自己從其中抽離，以客觀的角度俯瞰，才能冷靜地找出解決對策。**

能夠找到中立位置的人就不會悲觀，所以才會讓人喜歡。

連結與抽離要運用得當！

70 要給自己肯定

自我肯定感高的人比較會把握機會，人際關係也比較順遂。所謂的自我肯定感就是「重視自己＝愛自己」的一種感受。

其實，自我肯定感可以透過自己的意念來提升。許多人都會把一次的失敗或別人說的話當成是事實，覺得「自己是個沒用的人」、「自己是個笨蛋」等等，一直不斷地否定自己，所以自我肯定感就會愈來愈低。

據說跳蚤在正常情況下可以跳到1公尺高。不過，如果把跳蚤放到只有10公分高透明箱裡，牠們只要一往上跳就會撞到箱子，留下疼痛的記憶。所以，跳蚤後來就只會往上跳10公分，即使有一天這些跳蚤被放出箱子，牠們依然只會往上跳10公分。

人也是一樣，在遭遇許多次的挫折、歷經許多次的不順遂以後，就會覺得自己的能力只有如此。而且，還會有人因此討厭自己，覺得自己什麼都不行。

只會一直覺得自己不行的人，不論是人生還是人際關係都會不順遂。就算有工作上的機會找上門，也會覺得「我肯定做不好」而將大好機會拒於門外；就算有條件好的異性表達好感，他們也不會坦率地接受，只會覺得「人家怎麼可能喜歡我，肯定有詐」。

要具備「我或許也辦得到」的心態，即使實力不足也要勇於挑戰，這樣才會有所成長。若是一直把「我不會」、「我做不到」掛在嘴上，就永遠都不可能有所行動，也不可能提升自我肯定感。經驗可以幫助自己建立信心，也會讓自己更懂得愛自己。我們很多時候並不是不會做，而是不曉得怎麼做。只要知道怎麼做，其實有很多事情都可以迎刃而解。

而且，**一定要學會真正地愛自己。無法真正愛自己的人，也無法把愛分送給其他人。**自己都快餓死的時候，當然不會把食物分給其他人。但如果自己已經吃飽又有剩餘的食物時，也許就會把食物分給其他人，因為當自己擁有足夠的食物時，自然可以分享給其他人。愛跟溫柔也是一樣，一定要先給自己充足的愛，才有辦法溫柔地對待他人。一個人若缺乏自我肯定感，就無法真正地去愛人。

要先懂得愛自己！

第 6 章

工作、職場篇

71 道歉也要講究技巧

跟人道歉時最好避免跟對方正面相對，這樣做會形成個人空間的「對決姿勢」，增加緊張感。對決姿勢其實是從前的西部牛仔在對決時採取的姿勢，道歉時採取對決姿勢會增加雙方的緊張感，可能會讓對方的情緒更激動。所以，**道歉時最好稍微往旁邊站一點**，不要直接跟對方正面相對。向人道歉時也有適合與不適合的站位。

適合在道歉時穿的西裝不是純黑的西裝，而是「灰色」的西裝。灰色看起來不會那麼絕對，視覺上的刺激比較輕一點。無尾熊與龍貓可愛得讓人想要保護牠們，不光是因為長相討喜，身上的毛色也發揮出一定的效果。

所以，道歉時只要穿著灰色的西裝，就會更有機會得到對方的原諒。

而且，如果對方大發雷霆的話，道歉時還必須做到「同步&引導」（參考17項）。

先前受到新冠肺炎的影響，藥妝店經常發生口罩缺貨的情況。

有一位老爺爺想到藥妝店買口罩撲空，他很生氣地罵店員：「為什麼沒有口罩！！！」就算店員跟他道歉，說：「非常抱歉，我們還沒進貨……」還是沒辦法削減老爺爺的怒氣。

後來，這位老爺爺又去同一間店買口罩，買不到時一樣罵店員說：「為什麼沒有口罩！」結果，店員這一次就用很激動的口氣回答：「對啊！口罩到底去哪裡了！真的讓人很困擾，對不對！」據說那個老爺爺後來就比較冷靜地回答：「對啊，到底去哪兒了呢？」

店員如果也生氣地對正在發飆的客人說：「你這樣說也沒用啊，沒有口罩就是沒有口罩！」確實很有可能造成問題，不過，跟客人的激動情緒產生同步的道歉語氣有時反而會比較有效。比起冷靜地說：「非常抱歉……」不如用稍微激動的口氣說：「實在非常抱歉！」就可以在不知不覺中跟對方的情緒產生同步，對方也會自然地放下防備。

討人喜歡的人就會像這樣同時運用各種有效的道歉技巧，從站的位置到說話的語氣都會影響到道歉的效果。相反地，討人厭的人就會使用我行我素、應付了事的態度向人道歉。

要同時運用各種有效的道歉技巧！

72 要適度表達自己的意見

A是個溫良恭儉讓的人，就算別人說出不入他耳的話，他也會覺得「只要我忍耐一下就沒事了」。

多數日本企業都會將自我肯定訓練（Assertion Training）納入研修項目。自我肯定訓練是一種溝通技巧，目的是訓練顧及自我意願及他人感受，並表達出個人想法。人際溝通大致可分為3種，A就屬於非自我肯定型（non-assertive）。

①攻擊型（aggressive），胖虎型
②非自我肯定型（non-assertive），大雄型
③自我肯定型（assertive），靜香型

在討論人際溝通的反應類型時，也經常用卡通《哆啦A夢》的3個人物角色來代表這3個類型。

胖虎屬於攻擊型，會使用攻擊表達意見。例如：「我要辦演唱會，敢不來就揍扁你！」不在乎他人感受及意願。而大雄則是屬於非自我肯定型，當胖虎叫他來聽自己唱歌時，雖

然不甘不願，但還是會說：「好啦，我會去聽啦。」不把想法表達出來。最後一個代表是自我肯定型的靜香。面對胖虎的邀請時，會說：「胖虎，謝謝你邀請我。可是我等一下還要去補習班，不能去聽你唱歌，真是抱歉。」**不僅顧及對方，也清楚表達出想法。**

由下列簡單測試便可看出自我類型。車站的售票處排了長長的隊伍，你也是隊伍中的其中一人。這時，有人跑到你的前面插隊，請問你的反應會是以下3個反應當中的哪一個？

①大聲地罵那個人：「不要插隊！去後面排隊！」要求對方照順序排隊

②雖然覺得不高興，但還是忍住不說

③有禮貌地跟對方說自己正在排隊，請他到後面排隊

選擇①便與跟胖虎相同，選擇②則跟大雄一樣，選擇③則和靜香屬於同一類。多數人都跟大雄同類型，前面的A也是，**一直壓抑真正的想法與意見，就會給自己造成很大的壓力。**而且，當忍耐到極限時就會一次大爆發，然後選擇最極端的處理方式，也就是斷絕關係。因此，能夠重視自己的意願也顧及對方的感受，好好地將自己的想法及感受表達出來，才有辦法建立與他人良好的人際關係。

壓抑自己的想法會讓自己變成倒數計時炸彈！

73 忠言不一定要逆耳

前面說過表達自我意見的重要性，我們不僅要重視自己的想法，也要顧及對方的感受，然後堅定自信地表達出自己的想法及感受。A會堅定自信地表達出自己的意見，這樣做不但讓他減少一些心理壓力，也讓他在工作上保持圓滑的溝通能力。而A的新同事B雖然業績很好，對周圍的人講話卻非常不客氣。

「那份資料還沒好嗎？慢死了！」

他對打工的同事說話時的態度也是非常傲慢。

A很介意B的態度，有一天，A便提醒B說：「我知道你真的很忙碌，不過你在請別人做事的語氣可以客氣一些嗎？畢竟我們公司經常有客戶來，公司的員工也都是和和氣氣的，連老闆也是不論跟誰講話都很有禮貌。你平常其實真的很開朗，而且業績又好，所以我覺得你那樣講話實在有點可惜。」

B聽了以後，也對A說：「只有你會跟我說這件事，我以後會注意自己的語氣。」

A不曉得B的真正想法是什麼，不過後來B的確改掉說話不客氣的習慣，打工的同事們因此做得愈來愈好了。當然，先前因為B的講話方式而感到壓力的A也因此減少一點心理壓力。B的自我表達充滿了攻擊性，總是會傷害到別人，所以就算他的工作能力再好，也一樣會被別人討厭。而且，這種**充滿攻擊性的說話方式也會影響到周圍的工作氣氛**。打工的同事因為B的說話態度而不敢反抗B，只能一直維持非自我肯定型的表達方式，讓自己的壓力愈來愈大。

像A這樣使用讓對方比較順耳的說話方式表達自己的想法，是一件非常重要的事情。就像小孩子不肯吃藥的時候就算大人一直說：「要乖乖吃藥才會好。」他們還是不會張開嘴巴。但如果把藥粉拌在甜甜的果汁裡，小孩子就會願意把藥吞下去。大人也跟小孩一樣，**只會用說教的方式勸導別人，就跟要求小孩子直接把難吃的藥吞下去一樣沒有用**。要使用對方比較容易接受的方式說話，對方才會聽得進去。良藥不一定要苦口，忠言也不一定要逆耳。

使用對方比較容易接受的方式來講話！

74 就事論事，不做人身攻擊

假如下屬整理的資料有誤，你會怎麼跟他說呢？

A「要說幾次才會懂！你這個笨蛋！」

B「這裡的計算有錯喔。你拿回去修改完再給我吧」

職權騷擾、性騷擾等各種職場騷擾問題近來已經受到愈來愈多的關注，像A這種說話方式應該已經減少了很多。

不過，《下屬が変わる本当の叱り方》（明日香出版社）的作者吉田裕兒先生也說過，他以前在公司裡是晉升得最快的人，因為對於工作表現過於求好心切，所以遇到下屬出錯時他就會嚴厲地訓責對方：「怎麼連這個都做不好！」「沒有用的傢伙！」結果後來有個下屬突然失聯，他也因此遭到降職。

我以前在公司上班時，老闆也是動不動就在斥罵員工，後來有好幾個同事都突然失聯，最後居然就辭職了。

用不對的方式去訓責別人，有時會把人逼入絕境。

A的方式就是屬於人身攻擊型的訓責方式。這種訓責方式會打擊下屬的自我肯定感，只會讓他們更沒有自信心，對於提升工作效率一點幫助也沒有。

資料計算有錯屬於行動層次的失誤，所以像B這樣只針對行動的部分糾正對方的錯誤，就不會出現人身攻擊的形況。

古人說：「惡其罪而不惡其人。」訓責他人的基本就是**「不做人身攻擊，只糾正其錯誤」**。不去傷害對方的自我肯定感，只針對他的錯誤提出糾正，其實就能解決問題。

父母在看待孩子的課業時也是一樣，若說出「連這種問題都不會，你的腦筋怎麼這麼差」的話，就是在否定孩子的人格。

孩子有問題的部分是學業能力，只要針對學業能力確認孩子的問題在哪裡，給予「你不太會做這道題目的話，可以參考看看這本書的解法」等建議，其實就能解決問題，並不需要去否定孩子的人格。**訓責他人時只需要針對對方做得不好的部分去提醒就好。**

✽ 絕對不要做人身攻擊！

75

鞋要合腳才能走得又快又遠

想要走得快又走得遠的話，就一定要穿上合腳的鞋。鞋子太小雙的話，走起路來就會磨腳，想走也走不快。如果你是田徑教練，想讓田徑選手跑得快的話，那你就必須選一雙適合選手的鞋，而不是一雙適合你自己的鞋。

不過，工作上總是會出現硬是把自己的鞋子塞給別人穿的人。

A非常一板一眼，從拆信封的方式到檔案夾放在櫃子裡的擺放方向，都要別人跟他一樣，不一樣就會讓他很介意。如果有人沒做好就會很囉唆地一直提醒對方，硬要別人照著他的方式做事。

A的個性很細心謹慎，他很喜歡別人鉅細靡遺地告訴他事情應該怎麼做，最好是從頭到尾都講得一清二楚。因此，他也會用同樣的方式去對待其他人。這樣的做事方式對於A來說就是常識，他也對此深信不疑。不過，有的人就喜歡按照自己的方式及步調做事，別人只要告訴他們做什麼事就好，而A的做事風格就會讓這樣的人覺得很痛苦。帶著不開心的心情在工作，當然就不會有好的工作效率。

「自己喜歡的東西也要跟別人分享」是小學老師常跟小朋友說的話，但如果曲解這句話的意義，就會做出跟A一樣硬是把自己的鞋子塞給別人穿的行為。

哪怕是再厲害的短跑運動員，一旦腳上的鞋子太緊，也一樣跑不快。強硬要求別人按照自己的風格做事只會扼殺對方的能力，最終招致對方的反感。

相反地，B則會根據下屬的能力調整他的指導方式。對於每位下屬他會給予不同的指導，如果是擅長做有關創意的工作，但對於細節部分的執行能力比較弱的人，他就會在細節的部分提供一些協助；有些下屬只需要給予大方向，讓他們在工作上保有較高的自由度，反而會表現得更好，對於這樣的下屬他便予以尊重，不做過多的干涉。

B這樣做不僅讓下屬的工作效率變好，就連身為上司的他在處理工作時也變得更加順利，使他在公司內的評價變得更好

懂得因材施教的人才不會招致對方的反感，還能讓對方發揮出才能，所以才會受到別人的喜愛。硬要別人穿上自己的鞋子跑步的行為就是引發衝突的源頭。

好的領導者都是懂得「找到適合對方的鞋＝找到讓對方發揮才能的方法」的人。

別強迫別人照你的方式做事！

76 時時注意自己是否言行一致

班傑明・富蘭克林是美國的偉大政治家，他說：**「哪怕是再愚蠢的人，都能指出別人的缺點。而大部分的愚蠢之人都想這麼做。」**指出他人的缺點是一件再簡單不過的事。

我曾跟一個非常愛找別人麻煩的人共事，這個人總是要揪出別人的錯誤，非常吹毛求疵。

而且，他每次講話都要先用「我都說了……」開頭，再命令別人去做事，不然就是說：「請你去做○○！」「我真是不敢相信你竟然提出這種提案！」說話的語氣常常讓人覺得很不舒服，也不允許別人反駁他的意見。然而這個人竟然是公司的自我肯定（Assertion）及焦點解決取向（焦點解決短期療法）的講師。

我那時覺得非常不可思議，怎麼會由一個無法以身作則的人來擔任這個講座的講師，就像不會說英文的人卻在教別人英文一樣令人匪夷所思。這大概是因為他們覺得自己只需要教別人做的方法（Do），跟他們的樣子（Be）並沒有關聯。

不過，我在這本書的第40項也以甘地的故事為例，真正對他人具有影響力的，其實是我們的樣子（Be）。我們的樣子就是我們對於人生的態度，**每個人的所有想法都會體現在他的一言一行之中。**有人說，當我們站在甘地、德蕾莎修女等聖者的面前時，就算他們不說任何一句話，我們的內心也會得到慰藉。這是因為聖者都有著不評斷他人，用愛擁抱他人的樣子（Be）。

只知道做的方式（Do），卻未身體力行表現出該有的樣子（Be），就無法對他人造成影響，也無法為他人帶來改變。

焦點解決取向是一門將焦點放在解決問題的心理學，不追究問題為何發生，也不怪罪他人。若平時就做不到焦點解決取向的思維方式，那就不可能教會別人。以為只知道作法就能以言語教導他人學問，是非常愚昧無知的想法。

想提醒別人上班別遲到的話，那麼自己就必須每天都準時上班，否則一點說服力都沒有。關鍵永遠都在於我們表現出的樣子。

✻ 自己無法實踐的事也別妄想教別人！

77 行動之前先裝上接收天線

討人喜歡的人都理解無意識（潛意識）的力量，提升自己的表現。人擁有好的表現也代表他的行動力好、做事迅速俐落，所以就會得到旁人的信任。

那麼，要怎麼做才能提升自己的表現呢？

討人喜歡的人會打開自己的接收天線。例如：搭車時如果腦袋一片空白，就不會覺得眼見的事物有什麼特別。但如果上車前先閉上眼睛，在心裡想著「紅色的東西」，接著睜開眼睛再上車。這時映入眼簾的應該就會是各種紅色的物品，像是：紅色的衣服、紅色的包包等等。我們只要對大腦下達一次指令，大腦就會立刻搜尋紅色的物品，這就是大腦的無意識。

這跟搜尋引擎的功能很相似，只要在搜尋欄中輸入「溝通」再按下搜尋，就會跑出與「溝通」有關的資訊。但如果沒有輸入任何關鍵字就按下搜尋鍵的話，那麼一定不會有任何搜尋結果。

看書之前先將「我要從這本書中找出可以運用在工作上的好點子！」的訊息傳給大腦的

接收天線，這樣我們就會比較容易看到有關的資訊。

打開接收天線就是在給自己設定目標。開會或參加讀書會也是一樣，都要給自己設定目標，也就是明確地告訴自己最終目的，例如：在會議或讀書會結束前，我想要得到什麼？我希望自己的狀態是什麼？不管是參加會議還是讀書會，若抱持著只想倚賴他人的心態，覺得交給其他參加者或講師就好，只會讓自己毫無收穫。要打開自己的接收天線，這樣才會形成當事者意識。**擁有當事者意識的人對工作及事物才會有責任感並且主動積極參與，所以當然會受到他人的喜愛。**

討人厭的人根本不會打開自己的接收天線，也毫無當事者意識，所以他們就得不到想要的結果。一位很厲害的業務員在與客戶第一次見面時，都會滿懷期待地想著：「接下來要見面的這個人會為我打開哪一扇命運之窗呢？」他為自己打開了接收天線（目標），也就是設定了「我要跟『開啟命運之窗的人＝帶來機會的人』見面」的目標，所以他就能從對方的身上發現能為自己帶來機會的要素。

不論是你想要得知的訊息還是你想要掌握的機會，都會朝著你的天線聚集而來。

做任何事都要設定目標或目的！

78 設定目標與出聲提醒都要使用肯定句

設定目標時使用「希望我別在大家面前緊張」、「我希望工作不要出錯」的句子其實很危險。各位知道為什麼嗎？

我們來做個小實驗。請你將眼睛閉上，然後絕對不要想像企鵝的樣子，絕對不要想像黑白相間的企鵝用短短的雙腿在冰上滑行的樣子。

各位現在腦海裡浮現的畫面是什麼呢？肯定都是企鵝的各種姿態吧。我們的大腦其實無法理解「不要～」的否定句，而且還會去實現想像的畫面。所以，如果我們告訴自己「不要緊張」的話，腦袋浮現的其實是自己在緊張的樣子。接著還會浮現自己以前經歷過的緊張畫面，心情跟身體也會跟著變得愈來愈緊張，愈來愈緊繃。這都是因為我們的大腦會實現想像的畫面。

設定目標時使用肯定句非常重要。像是：「希望我可以在大家面前侃侃而談」、「我希望工作可以順利成功」等等，就是肯定的句子。**不要去想像自己不想要的狀態，使用的句子一定要讓自己能夠想像出自己想要的狀態**，這樣才會更容易達成自己的目標。

在提醒別人的時候也一樣要使用肯定句。有位媽媽對著兩個正在開心玩耍的小孩說：「你們兩個不可以吵架喔。」結果這兩個小孩聽了之後，就開始為搶玩具吵架。這是因為小孩在聽完以後，腦袋便浮現出他們在爭吵的畫面。所以，真的要提醒他們的話，最重要的就是使用「你們要好好地一起玩喔」等等的肯定句。

另一位媽媽之前都使用「不要在走廊奔跑！」等等的否定句在提醒小孩，後來改成使用「在走廊要慢慢走」等等的肯定句以後，她不必動怒就能讓小孩子乖乖聽話。據說，父母在管教7歲以下的孩子時，對他們說的話語有7成都是否定句。我們從小就聽習慣否定的詞句，所以其實要改成肯定的詞句是真的很不容易。而且，跟別人講話時經常使用否定句也會讓自己形成專制又高高在上的印象。比起使用肯定句，在工作場合上使用否定句也會讓別人產生更明顯的被命令感。

討人喜歡的人都知道**使用否定句會打擊對方的動力，也會增加對方的不安**。所以說話時都會使用肯定的詞句，讓對方保持好心情，也增加對方的信心。這麼一來，別人自然就會對他們產生好感。

用否定句會讓情況朝著反方向發展，心情也會變糟！

79 勇於經歷一次又一次的失敗

世界知名品牌香奈兒的創始人可可・香奈兒說：**「沒有失敗，就不會成功。」**NLP則認為「世上沒有失敗，只有反饋」。發明大王愛迪生也說過類似的話，他說：「我不是失敗，而是知道了一個不太好的方法。我其實是『成功』了。」

深怕失敗而不行動的人可能以為只要不去挑戰，就不會打擊自己的自尊心。不過，這樣做也會讓自己失去成功的機會。

A是一位私人教育機構的經營者，當初在成立這所教育機構時，他印了好幾百張的宣傳單到處發送，宣傳單上印著大大的「4月開課！」的標題。當然，這份宣傳單並未招來任何一位學生。後來他砸下重金，在報紙的廣告頁刊登招生廣告，結果同樣沒有任何人來報名。A深感經營危機，才開始認真學習行銷廣告，也在補習班的宣傳廣告下了一些功夫，例如：加入學生的上課感想等等。

後來，A的教育機構成功招生，現在的經營也很順利。正因為A經歷過失敗，他才會得到反饋，知道自己再不學習行銷廣告就招不到學生。不只如此，A還把自己的失敗談分享給剛創業的人，希望失敗中的趣事能為他們帶來一點勇氣。

失敗帶來的好處有：可以知道哪些方法不好（產生反饋）、懂得失敗者的痛楚、增加經驗以及自己的深度、增加人生的趣談。所以，經歷過許多失敗的人才會如此有魅力。

有些人在工作上追求完美無缺、毫無失誤，這樣的人可能都害怕自己一旦失敗就會成為被捨棄的人。不過，其實**在「出醜效應」的理論中，有缺點的人反而才會讓人更有好感，而不是完美無缺的人。**所以，如果要讓別人喜歡你的話，那就要勇於經歷一次又一次的失敗。

正因為朝著目標去挑戰，我們才會歷經慘敗。失敗就是挑戰過的最好證明。有人說把「成功」二字放在顯微鏡下，就可以發現成功是由無數的「失敗」二字拼湊而成，其實說的正是這件事。

成功是由失敗累積而成！

80
創造能夠接受失敗的環境

A與B都是金融業界裡的主管階級，同樣都希望提高下屬的業績。

A每個星期都會在會議上斥責業績未達標的下屬：「你有沒有在做事！到底有沒有好好的去拜訪客戶⁉」他的下屬被這樣訓斥以後，對於工作的鬥志當然就變差，業績也未見好轉。

相反地，B則跟他的下屬說：「誰在這個月被客戶拒絕最多次，我就請他吃午餐！」結果，他的下屬之間竟然發生了神奇的對話：「我這個月才被拒絕10次～」「你已經被20個客戶拒絕了？好好喔～」大家都在比誰被客戶拒絕的次數多，都非常努力地安排與客戶見面。

重點就在於B要請吃午餐的人是「被客戶拒絕最多次的人＝最常安排與客戶見面的人」，而不是「成功簽下最多合約的人＝業績第一名的人」。

業務員的成績要好或是要抓住機會的話，認識多一點人也是不可或缺的因素。然而擋在業務員面前的高牆正是「害怕被客戶拒絕」的心理。所以，B才會透過這種類似遊戲競賽的方式，讓下屬別那麼害怕發生被客戶拒絕的情況。心理學將這種做法稱為**「減敏法」**，也就是透過不斷接觸自己害怕的狀況，讓自己的心情漸漸習慣，減輕痛苦。所以，B的下屬都很積極地與客戶接洽，業績也愈來愈好。相反地，A的下屬只要沒有成功拉到客戶就會被A責罵，所以他們愈來愈害怕再被客戶拒絕，不敢再去行動。

我在舉辦研修時都會做一個活動，就是把某個東西藏在會場，然後請一位受試者把東西找出來。第一輪的時候，我請每一位參加研修的人在受試者接近目標物品時就替他拍手鼓掌。第二輪時，我則請每一位參加研修的人在受試者遠離目標物品時才替他拍手鼓掌。第一輪的鼓掌會讓人有種「很好，就是這樣繼續」的感覺，第二輪的鼓掌則會讓人產生「哎呀，這樣不對啊」的挫敗感。在第二輪的過程中，每當受試者要往錯誤的方向尋找時就會聽到令人挫敗的鼓掌聲，所以他們不曉得該如何是好，只能站在原地猶豫。

人在不允許失敗的環境下就會不敢行動。最重要的是別再去責怪已經沮喪不已的人，要營造一個允許失敗的環境，利用遊戲破關的感覺讓對方勇於去挑戰困難。能夠做到這一點的人都會讓人喜愛。

別去責怪他人的失敗！

81 向對方表達出信任感

你覺得人是在何時會有所改變呢？有沒有曾經希望某個人變得跟以前不一樣呢？其實，人要有所改變的話，就必須得到「是你的話一定沒問題！放心吧！」的絕對認可。NLP稱之為**「擁護（Sponsorship）」**，從對方的行為層次到自我認同層次給予完全的認可。

我不曾讀過專攻美術的大學或設計相關的專門學校，但我從短大畢業時的夢想是成為一名美術設計師。當時我報名了一間可以半工半讀的設計學校，後來被一間廣告公司錄取成為兼職美工人員。進入公司以後要先從打雜開始做起，才會漸漸接到設計案，不過一些比較大的設計案子都是交給公司裡的設計總監。

有一天，公司的業務員成功談到某間企業的品牌Logo設計委託。通常像這樣的案子都是交給公司的美術設計師，所以業務經理就跟那位業務員說：「那件Logo設計案的交期可不可以往後延一點？設計總監最近還有案子在忙。」不過，那位業務員卻說：「我打算把這件案子交給藤本小姐。」

公司可能是擔心我的能力無法勝任，所以決定請我跟設計總監各提出一個Logo設計。假如把畢業於專攻美術的大學而且在廣告業界累積許多經驗的設計總監比喻為純種馬的話，那麼未經過專業訓練又沒有任何經驗的我就是一隻驢子。這場比賽任誰看了都知道結果會是如何……。

不過，從那一天開始，我每天都抱著Ｌｏｇｏ設計的書努力鑽研，設計出好幾個版本的Ｌｏｇｏ，放假時就到處問朋友，請他們告訴我哪一個設計版本比較好。

結果，最後公司採用的竟然不是設計總監的作品，而是我設計的Ｌｏｇｏ。我那時候的能力根本就比不過設計總監。

那麼，那時的我究竟為何會有超常的發揮呢？答案是因為我得到那位業務員同事的認可（對於他人的認同）。對方用行動表示「放心，我相信你一定可以的，就交給你了」，**對於能力尚淺的我寄予厚望，所以我無論如何都希望能夠回應他對我的信賴。**

人在有所改變的時候，一定都是得到了無比的信任感或安全感。**唯有將「如果是你就一定沒問題」的信任感透過言語及想法傳達到對方的內心深處時，對方才會真正地改變。**而討人喜歡的人都做得到這一件事。

要讓對方擁有被人寄予厚望的感覺！

82
別追求淺顯易懂

以前有個料理節目邀請一位中年阿姨當料理教室的講師，教授料理新手煮出有「媽媽的味道」的料理。這位阿姨在示範九州的鄉土料理「筑前煮」等菜餚時，都是靠經驗斟酌調味料的用量。不過，料理教室的其他講師提出意見「這樣新手很難理解調味料的用量」，最後阿姨改成事先準備好定量的調味料，再根據示範後剩下的量去計算出用量，最後再將調味料的用量告訴學生。

不過，事情愈容易理解，就代表不需要太多思考。**凡事追求「淺顯易懂」的人一旦遇到不能理解的情況時就會放棄思考，只想著靠別人解決。**要學生把細節全背下來的教育只會讓人變得死板而不知變通。而企業喜歡能夠獨立思考並具有行動力的人，這樣的人擅長以自己的方式去詮釋、整理並且應用接收到的資訊，所以要他們完全按照別人的指令一板一眼地做事，就會令他們感到很痛苦。

池谷裕二先生是日本知名的腦科學家，他說動物的進化程度愈高的話，記憶就會愈曖昧模糊、愈抽象化，而不是像鏡頭下的照片那樣的精準。

紅頭伯勞的習性是將獵得的昆蟲掛在帶刺的枝頭或荊棘上，就像屠夫把肉類掛起來一樣，因此又被稱為「屠夫鳥」。不過，由於伯勞鳥的記憶力過於精準，就算樹木只是少了一片葉子，牠們也會以為那是別棵樹，所以經常找不到自己保存的獵物。

人類大腦的記憶不但曖昧模糊，又非常抽象化，即使某棵樹掉了一片葉子，人也會知道那還是原本的那棵樹。因此，就算別人的表情產生變化，人也不會認為那是不同人。**記憶中重要的不是準確度，而是模糊度。**不論是自然界還是商業界，都不會發生100％相同的情況，只有能找出共通點並靈活應對的人才能生存，反之只會死背則會遭到淘汰。

不厭其詳的教學乍看不錯，實際卻讓人學不到應用能力。日本的企業幾乎都會給新人舉辦研修以學習公司大小事，一間有名的廣告公司就發現，在研修期間比較短的那幾年進入公司的新人雖然起初都比較容易出錯，不過應變能力反而更好，也更不會輕易離職。

學習時不必像閱讀使用說明書一樣不放過任何細節，這樣在狀況發生時才有辦法下意識地去找尋這些狀況的共通點，並且靈活應對。懂得以更抽象的視角去看待事物，並具有獨立思考能力及行動力的人在職場上都會有很好的表現，也會讓別人都喜歡他們。

要鍛鍊獨立思考的能力！

83 做筆記不要全部照抄

在日本的企業裡，每當上司或前輩有事情要交辦時，下屬或後輩就會拿著紙筆抄下對方交代的事情。拿著紙筆記下對方交代的事情，可以傳達出「我很認真在聽你說話」的態度。能力好的商業人士會拿出紙筆記下客戶說的事情，這樣不僅不會遺漏或遺忘，**也可以向對方表現出「你是我非常重視的人」，滿足對方希望被人重視的感覺。**

大部分的人都喜歡會透過「請問我可以把你說的話寫下來嗎？」的舉動讓對方感到受重視，並且拉近彼此距離的人。因為大部分的人最關心、在意的就是自己的事。對方說出口的話會體現出他的價值觀，所以，把對方說的話記下來代表我們重視對方的價值觀，也重視對方這個人的存在。

一流的飯店服務員或是建設公司的頂尖業務員在跟客戶簽約時都會使用萬寶龍的高級鋼筆。這個舉動就會在不知不覺之間向對方傳達出「你是我很重要的客戶，我們現在簽的是很重要的文件」。所以，客戶就會很喜歡這樣的人。

我在研修活動中有機會看到許多人的筆記。我發現溝通能力好、自主性高的人並不會完全抄下白板上的內容，而是記下自己的發現以及跟自己有關的事情。他們不會囫圇吞棗地接收所有的資訊，而是把他們的感想寫下來並且進行自省。自省可以讓人以各個角度看待事物，鍛鍊取捨資訊並掌握本質的能力。這樣在工作上才能立刻察覺什麼是重要的事、對方希望獲得的是什麼。

若要做到自省，最重要的就是透過書寫可視化，客觀地進行思考。

此外，**手寫的筆記可以抓住人的心**。手寫文字跟列印的文字不一樣，可以讓人感受到屬於人的溫暖。心理學說女性特別喜歡會讓人感受到溫暖的事物，是因為遠古時代的男性要懂得打獵才容易生存，而女性則要在村子裡跟人打好關係才容易生存。這也是為什麼以女性為主要客群的咖啡廳都常使用黑板手寫菜單。

討人喜歡的人就算要把文件資料寄給別人，也會附上手寫的紙條或信紙。不只要傳達文字也要把自己的溫度傳達給對方，懂得這麼做的人才會讓人喜歡。

✽ 用筆記成長，用筆記傳遞溫暖！

84
把西裝視為戰鬥服

假如有個業務員站在我們的面前，我想大部分的人一定都會先打量對方的衣著打扮，這是因為服裝可以體現出一個人對於工作的態度。服裝儀容有三個基本原則，分別是①整潔感、②協調感以及③功能性，工作時穿上西裝或制服都能清楚表現出②協調感以及③功能性。工作上的「穿著得體」指的就是盡所能展現該有的儀容。

關於西裝起源眾說紛紜，有說是以前英國貴族服飾，也有說是軍服演變而來，而這些說法都有個共通點，那就是穿西裝對他人的影響力。穿上西裝也是對人表示敬意的方式。

英國紳士認為「穿西裝不是為了自己，而是為了接待貴賓，保住你在職場上的體面。這是證明你的行動以及思慮都具備著常識」。

據說拿破崙很希望他的軍隊從外表就展現出震攝敵人的樣子。不過，在他率軍遠征俄羅斯的途中，受風寒的士兵卻使用衣服的袖子來擦拭鼻涕。拿破崙看到這個樣子以後非常地生氣，於是下令將士兵的西裝袖子加上鈕扣，不讓他們繼續這樣做。

改變衣著的打扮達到印象管理，給對方產生「這個人很厲害」的印象，就是西裝被稱為戰鬥服的原因。**我們看到對方西裝筆挺，就會覺得自己受到對方的尊重，也更容易卸下心防。**以心理學的角度來說，穿著正式服裝的優點則是可以讓心情切換成工作模式。

美國加利福尼亞州立大學的心理學系曾發表了「穿上西裝會讓人擁有自信，並且能夠以更全面、綜合性的角度去看待事物」的研究結果。與休閒的服裝相比，穿上正式服裝比較容易進行抽象的思考，並且強化認知過程。

哥倫比亞商學院也發表了「相比休閒服裝，穿上西裝能讓人面對批評時做出更冷靜的決定」的研究成果。也就是說可以透過穿西裝強化自己的外表，創造出「可以展現能力的狀態＝戰鬥的自己」。

受到新冠肺炎的影響，愈來愈多的人都改成遠距上班，也有人因此感受不到上班的動力。而身為管理階層的A女士**即使在家遠距上班，也會堅持要換上平時上班的衣服並且化妝，以維持上班的感覺。**

討人喜歡的人會把西裝當成工作的戰鬥服，而討人厭的人只會把西裝當成是工作服，無法好好利用西裝的優點。

將西裝的優點發揮到極限！

85 被拒絕也別氣餒

有位頂尖的業務員就算被客戶拒絕了，拒絕他的客戶還是會介紹其他人給他認識。這是因為他在拜訪客戶時，都一定會開口徵詢客戶：「如果您認識的人有需要的話，可以把他們介紹給我嗎？」當然，客戶不一定馬上就會為他介紹，而他這麼做則是先讓客戶打開天線，日後他們身邊的親朋好友有需要的話，他們就會想到：「對了，之前那個業務員好像說……」**厲害的業務員就算被客戶拒絕也不會因此垂頭喪氣，或是態度急轉直下，瞬間變冷淡。**因為他們看的不只是現在，更將目光放在未來。

相反的，討人厭的業務員只要被客戶拒絕了，就會露出大失所望的樣子。

我之前想要搬家，一直在找新的租屋處。不動產公司的房仲帶我看了好幾間房子，但是都沒有看到符合我想要的房子。那位房仲之前在帶看房屋時總是笑臉盈盈，讓人感覺非常有精神，所以我那時心想如果之後他再帶我看其他房子的話，我應該就會跟他們公司簽約。不過，我後來跟他說沒有看到我滿意的房子時，那位業務員卻很失望地跟我說：「請問你今天可以從之前看過的物件做出決定了嗎？」一問之下，才知道是主管要求他在當天成功地讓我做出決定，並且填寫租屋申請書。雖然那位房仲苦苦哀求，跟我說他的難處，但我最後還是拒絕了。

就心理學的角度而言，若要達成目標，擁有**「後設目標」**（Meta Outcome，超越目標的目標）是一件非常重要的事。例如：明星高中的學生如果目標是考上京都大學（成果，Outcome），他們就會朝著比京都大學更具挑戰性的東京大學（後設目標，Meta Outcome）努力，這樣就算萬一沒考上東京大學，也會比較容易通過京都大學的考試。

厲害的業務員會把成功簽約當成目標（成果，Outcome），並將獲得客戶引薦設為更上一層的目標（後設目標，Meta Outcome）。一開始就把獲得客戶引薦當成後設目標的話，也會比較容易達成與客戶簽約的目標。所以，就算他們未達成與客戶簽約的目標，也不會因此灰心。

人人喜歡的業務員就算遭到客戶拒絕、未得到引薦的機會，也會把目光放在未來，告訴自己也許未來還有機會，所以他們不會在對方面前表現出喪氣的模樣，也不會因為被對方拒絕就換了一個態度。

要擁有更高遠的目標！

86 傾聽對方的困擾

我之前在某一場葡萄酒的試喝會上認識一位從事壽險的保險員，他對葡萄酒很了解，也很能融入現場氣氛。後來，他打電話給我，希望約我出來見面。我問他有什麼事，他說想跟我介紹由他負責的壽險產品。而對於這樣的接洽方式，我只會打０分。

人們都不喜歡被強制推銷。有些人光聽到對方是業務員，就會自動保持警戒，擔心自己一個不注意就被強制推銷。但有些業務員明知如此，但依然一開口就是跟推銷有關的事情，可以說是非常不好的推銷方式。

同樣地，我有一位朋友剛轉換跑道成為保險員就一直傳簡訊給我，說：「我們公司最近推出的保單真的很好，我想跟你介紹一下，要不要一起出來吃個午餐？」他這樣做的目的顯然不是為了找我吃午餐，而是為了向我拉保險。

我曾經接過一通跟我不太熟的高中同學打來的電話，她在電話裡跟我說：「有一件瘦身衣很有效，我穿了就瘦下來，真的很不錯，而且我們也很久沒見面了，你要不要來店裡試穿看看？」一直糾纏著我。我知道那完全就是老鼠會，所以我跟她說：「如果不跟妳穿同樣的衣服就當不成朋友的話，那我並不需要妳這樣的朋友。」直接拒絕了她的推銷。

推銷商品的意圖大於想跟對方見面的意圖時，肯定不會順利成功。

我有一位朋友是個頂尖的業務員，他從不做這樣的事情。就算他要約客戶見面，他也會先了解對方的情況，說：「之前聽您提起關於工作上的事情，您最近工作的情況還順利嗎？」讓對話慢慢地熱絡起來，並且在傾聽客戶訴說煩惱的過程中，才找時機跟客戶提出最適合他們的服務或商品，這樣客戶聽了就會覺得高興。

首先**最要緊的就是表現出關心對方、想為對方分憂解勞的態度。**

「聯想法則」是人類的心理現象之一，如果討厭對方的話，就不可能會去跟對方買任何東西。如果別人討厭你的話，也會連帶討厭你賣的商品及服務；如果別人喜歡你的話，也會覺得你賣的商品或服務很不錯。

✲ 要時常保持為對方分憂解勞的意識！

87
成為對方傾訴的對象

ＮＬＰ指出，人對自己的看法會影響其思想、行為以及身邊的環境。若認為自己是個「銷售員」，就會採取強硬的銷售手段，引起旁人的反感。這並不是我們有意識地選擇要這麼做，而是無意識地自動切換成這樣的心態。

舉例來說，我的朋友Ａ是一位壽險的保險業務員，自從她開始當保險業務員以後，就自動形成自己是個「銷售員」的意識，現在她寄給別人的郵件都只有與工作相關的內容。

不過，她這麼做並沒有惡意。由於她的丈夫收入只剩一半，家裡又必須支付孩子的學費等開銷，讓她感覺到無比沉重的經濟負擔，所以Ａ在換工作以後就打起精神，不論公司推出什麼商品，她都會全力推銷。

不過，如果只是一直想著要跟別人推銷商品的話，就會拉開自己與對方的距離。

相反地，Ｂ則將把自己的角色定位成客戶吐苦水的對象。

所以，他平時都開玩笑地說自己是個村里長，任何人有什麼事情都可以找他幫忙。以前他每天都會到處去拜訪客戶，後來受到新冠肺炎的影響，沒辦法跟客戶直接面對面，但他還是會常常打電話關心客戶最近有沒有什麼困擾。所以他的客戶都很信任他，業績也是遠遠贏過其他業務員。

要把自己的角色定位為「推銷商品的人」還是定位為「客戶可以商量煩惱的對象」，都取決於自己「想要表現出的樣子」。

你選擇以什麼樣的態度與他人互動，都會影響到你的價值觀、能力、行為以及整個環境。一定要注意自己有沒有自動將自己的角色定位為「推銷商品的人」。

要捨棄「我就是要賣東西」的意識！

88 不只要了解產品，更要了解客戶

我們小時候都喜歡吃甜甜的咖哩飯，但是長大以後就會覺得小孩吃的咖哩飯甜到讓人難以下嚥，這因為隨著年紀的增長，我們已經漸漸習慣吃香料味比較重的咖哩飯。

同樣地，如果給小朋友吃的咖哩飯不是甜口味的咖哩飯，他們也會吃不下去。因為小孩也跟大人一樣，都不喜歡口味不合的食物。同樣地，業務員在向客戶推銷時如果沒有針對客戶的需求，當然也不可能讓客戶點頭答應。

舉例來說，如果要讓年輕女性購買青汁的話，那就要針對能夠打動女性的優點進行介紹，例如：有助養顏美容、讓肌膚保持光澤、改善便祕問題等等。

相反地，如果要把青汁推銷給老年人的話，那就要強調有益身體健康才會有效果。

如果一心都只想著要推銷商品的話，就有可能忽略對方真正的需求，明明對方是老年人，卻一直跟對方介紹年輕人才會被吸引的內容。這樣搞不清楚狀況的推銷只會讓對方覺得「你就是在對我強迫推銷」，最後讓對方討厭你。

推銷話術的基本在於要**能夠消除對方的不安、不滿、不便等關於「不」的煩惱，或是能**

夠滿足對方的期待。

以前面提過的青汁為例，解決便祕問題就是消除不安，讓肌膚保持光澤則是滿足期待。對象不同，煩惱與期待自然也不同。

推銷時最重要的不是關於商品的知識，而是看透對方的眼力。如果不了解什麼樣的話最能打動對方的心，那就不可能把東西賣出去。

比起熟悉商品的人，人們會更願意向了解自己的人購買商品。不管是誰，最關心的人一定都是自己。所以，要如何讓商品與客戶的需求產生連結才是最要緊的事。

若要做到這一點，就必須先充分了解客戶，而不是一直想著要快點把商品賣出去，因為客戶喜歡的是能夠了解自己的需求，為自己解決煩惱或達成期待的人。

要了解對方的煩惱及期待！

第 7 章

釋放壓力 篇

89 要釋放自己的情緒

你最近學狗嚎叫了嗎？狗狗都會以嚎叫的方式表達自己的情緒。

人類也有喜、怒、哀、樂、等各種不同的情緒。不論出現的是什麼樣的心情，那都是我們非常重要的情感。許多人覺得「高興」是好的情緒，不可以表現出「憤怒」和「悲傷」的情緒。然而，這些情緒就跟生理現象是一樣的反應，並沒有人規定我們只能高興不能生氣。

我們會規定自己可以出現「肚子餓」的生理反應，但不可以出現「想上廁所」的生理反應嗎？並不會吧？所以，就算我們勉強壓抑自己的情緒，這些情緒還是會湧現。就像憋著大號會讓人生病一樣，壓抑情緒也會讓身心生病。

人際溝通分析學認為人類真正的情緒有4種，分別是「高興」、「悲傷」、「憤怒」及「膽怯」，當我們要解決問題時，就必須適當地表現出不同的情緒。解決現在問題的情緒主要為憤怒、解決過去問題的情緒為悲傷，解決未來問題的情緒則為膽怯。

例如：我們在對某個人生氣時，使用大吼大叫的方式表達雖然很不好，但如果生氣地說出：「請停止！」以表達自己的憤怒讓對方停止動作，那麼問題就會得到解決。以假笑掩飾對於解決問題並沒有幫助，只會讓心情覺得愈來愈煩躁而已。

極度缺乏愛的人會過度壓抑自己，完全配合對方的情緒，希望能討好對方。然而，過度壓抑情緒可能會導致情緒大爆發，甚至也可能讓自己陷入憂鬱。人在隱藏情緒的時候都會顯得不安以及不自然。拒絕讓他人碰觸內心的人很難被人喜愛，因為**人都是受到對方真實的一面所吸引的**。表達自己的真實情感並不是放任自己為所欲為，而是像在公園裡曬太陽一樣，讓心保持最自然、最放鬆的樣子。

已經很努力卻還是無法對別人表現出自己真正的情緒時，那就坦率接受自己的心情，覺得生氣就告訴自己：「這樣當然會讓人生氣！」不要壓抑自己生氣的情緒，別告訴自己：「我不應該這麼想。」

有人說唱卡拉ＯＫ是人類的嚎叫方式，透過卡拉ＯＫ或是跳舞等非語言表現來抒發自己的情緒，也能幫助自己好起來。

情緒是生理現象，要讓它釋放出來！

90 心情可以切換

人要活在當下。不論是在心理學的領域還是佛教或冥想的世界裡，活在當下都是非常重要的一個觀念，人若要活得快樂，就必須學會這件事。當我們為了過去的事情懊悔、悲傷時，都不算活在當下；為了還沒發生的事情在煩惱、憂愁，也不算活在當下。

活在當下就是活在每一秒都在改變的瞬間，就是活在每一個瞬間。我很喜歡一行禪師的正念冥想，所以我都會邀請別人和我一起進行正念冥想。簡單來說，正念冥想就是專注於現在。

一行禪師和他的弟子在越戰期間投身救濟活動，幫助在戰爭中受傷的人。有一次，一行禪師和弟子們在吃飯時，有一位弟子很生氣地說：「那麼多人都死了，你們怎麼還有心思在吃飯！」結果一行禪師就問這位弟子：「你覺得烏龍麵好吃嗎？」

這個提問是為了讓這個弟子回歸正念。在戰爭的悲劇中，即使上一刻還看著堆積如山的屍體，心情沉重得難以承受，也不要停留在已經過去的那一瞬間，繼續為過去的事悲傷或憤怒，而是要專注於現在。如果我們現在正在吃飯，那就要專注於吃飯的這一瞬間，這樣才能保持內心的平靜。**倘若連自己的內心都無法保持平靜，就更不可能慈愛他人。**

人活在當下的時候才不會有煩惱，才會感到無比的幸福。有些人不會為了不愉快的事情耿耿於懷、悶悶不樂，即使他們沒辦法做到像修行僧人一樣的正念冥想，他們也不會輕易被情緒左右，懂得讓自己專注於當下。

A很懂得轉換自己的心情，就算在公司裡發生再怎麼不愉快的事，只要一走出公司就會把那些事情拋諸腦後。A希望吃飯的時間就要專心品嘗食物，所以他很少一邊吃飯一邊講話或看電視。不過，如果是和別人一起用餐的話，跟對方互動當然是比專心享用更重要，所以他還是會開口跟別人聊天，但如果是他自己一個人用餐的話，他就會專注於用餐。

各位知道為什麼Google、Facebook等世界知名的企業都要將正念冥想納入員工培訓呢？這是因為冥想可以讓人減少憤怒以及悲傷，提升人的專注力，也會讓人更溫柔對待他人。大腦的左前額葉是感受幸福的部分，僧侶長年地進行冥想，所以他們的左前額葉都很發達。擁有較高幸福感的人在對待他人及事物時能夠保持著理解及溫暖的態度，這也是為什麼他們會讓人喜歡。

專注於眼前的事！

91
忘掉討厭的人

假如我們的思緒還停留在過去或是已經跑到了未來，那我們會是如何呢？

假設公司裡有個討厭的人對你說了討厭的話，讓你的心情便糟糕。發生這件事情以後，你會怎麼做呢？我想應該有很多人都會自己一直在胡思亂想。

即使未見到對方，但只要一想到對方的事，我們被對方影響的心情、情緒就會變得更加強烈，這樣的情況在心理學用語中稱為**「結晶化」**。

假使對方已經不在自己的面前，但回到家以後還是一直想著：「他幹嘛講那種討人厭的話……」就表示自己並未活在當下，仍然活在過去。**一直回想過去經歷的負面情緒，就會對內心造成傷害。**

而且，如果我們去想：「為什麼他要這麼說？」並且做出「一定是因為他討厭我才會這樣」的結論時，就會給自己造成**「自我說服效應」**，這時做出的結論會比對方說的話更深刻地烙印在心中。自己內心的影響力其實遠遠大於對方造成的影響。

舉例來說，我們可能會因為公司裡有討厭的人，一想到要去上班就覺得很煩，但其實是想著：「明天真不想去上班，如果又發生○○的話，我該怎麼辦才好？」這種對於未來的煩憂才會給自己造成巨大的壓力。

一位來前來諮商的女性在前公司被職場霸凌，她每次要去面試新工作時都會一直哭，擔心自己在新公司又遇到同樣的事情。我跟她說：「妳都已經離開前公司了，那個人對你造成的陰影卻還是一直在折磨著妳，真是辛苦妳了。不過，把那個討厭的人忘得一乾二淨，讓自己過得幸福快樂，不就是對那個人最大的復仇嗎？」

若一直讓過去的人影響自己的人生，那麼人生就會變得索然無味。

不愉快的情緒若形成結晶化，就有可能讓人一直「懷恨在心」。這樣一來，每當我們看到那些曾讓自己不愉快的人時，就會湧現出憤怒等情緒，這時很容易引起問題。更何況，我們在回憶起那些苦澀的經歷時都很難達到好的表現。

忘掉過去的不愉快，讓自己隨時保持愉快的心情，也就能夠親切地對待他人。這樣一來，別人當然也會喜歡自己。

別一直想著不愉快的回憶！

92 寫下備忘錄可以避免焦慮

做筆記可以幫助自己提升表現。

我們的大腦可以暫時保存資訊，這項功能稱為**「工作記憶」**。不過，有說法認為大腦的工作記憶會隨著年紀的增加而逐漸衰退，一次最多只能記住5～7件事情。

不只如此，不論是與客戶的重要面談，還是要去洗衣店拿送洗的衣服，這兩件事在大腦的記憶中都會被歸類在同一個級別。所以，如果要增加大腦的記憶容量，那就必須把一些事情寫成備忘錄，才能釋放大腦的記憶容量。

舉例來說，就像是白板上已經寫了許多字，空白處所剩無幾時，就算想再繼續寫也寫不下，實在讓人傷腦筋。

同樣的，大腦的工作記憶一旦滿載，就無法再記憶新的事物，做事的時候也就容易出錯。所以，一定要透過書寫備忘錄的方式把不必要的資訊從大腦移除，釋放大腦的記憶容量。就像寫滿字的白板擦乾淨以後，我們就可以繼續寫上新的內容一樣。

討人喜歡的人可以提升他們的表現，是因為他們不強迫自己的大腦要記住所有的事，而是允許大腦忘掉一些事情。只要把要做的事情寫下來，「我必須做這件事，還必須做那件事」的焦慮感就會消失。

一旦遇到工作又多又忙的情況，就算是平時表現溫文儒雅的人也可能出現「請你等一下做這個！」「請稍等！我現在還在連絡！」的著急語氣。原因就在於他們的腦袋要記住太多必須做的事。

有些人覺得忙碌時對別人講話的語氣差一點並不要緊，只要之後不忙的時候再改回親切的語氣，就可以抵消之前語氣不佳的事情。但是，不愉快的事情通常更容易讓別人記憶深刻，久久難以忘懷。

經常在工作上表現出急躁、坐立不安的樣子，當然會讓自己的評價變差。把必須做的事情、心裡惦記的事一一寫在備忘錄上，自然就可以減少自己的焦慮。

腦袋記太多事情就很難從容不迫！

93 調整身心的狀態

各位覺得工作能力好的人以及溫柔的人有什麼共通點呢？答案是他們的心都保持著良好的狀態。一旦內心的狀態不佳，哪怕是能力再優秀的人也無法發揮出絕佳的表現。

ＪＲ西日本鐵路公司曾在兵庫縣發生電車出軌的意外。請各位想一想，造成這起事故的司機員是個優秀的人，還是個能力不佳的人呢？進入鐵路公司工作本來就不簡單，要成為司機員更是一件困難的事。換句話說，造成這起事故的司機員其實是個優秀的人。那麼，為什麼最後還是會發生這起事故呢？事故的那天，電車出現了誤點的情況。據說由於當時ＪＲ西日本鐵路公司的規定，電車若有誤點的情況，司機員就會遭到公司的嚴苛處分。所以，那位司機員的心裡肯定很慌張。也就是說，司機員是因為心理狀態不佳才沒辦法發揮出優秀的能力。因為**人的能力通常都與心理的狀態成正比**。

之前有人做過一個實驗，看看如果有個人在路上掉了許多本書，最後有哪些人會積極地幫忙撿回掉落的書。據說，最願意幫忙撿書的人是剛參加完婚宴的人。

剛參加完婚宴的人大多都被幸福的氛圍包圍，也就是說，人在心情愉悅的狀態下就能夠溫柔地對待他人。

NLP將身心保持在良好狀態稱為**「內心的狀態管理（State management）」**。

不論是追求良好的表現，還是建立良好的人際關係，內心狀態管理都是不可或缺的一環。德國詩人歌德也說：「人類最大的罪過就是不快樂。」

我學習過各種不同理論的心理學，每一派的心理學都會告訴我們要如何提升自己的溝通能力，以及做好內心狀態管理。我們要活得幸福快樂，就一定要具備這兩項最重要的能力。

有句話說：**「三流的人一直都不快樂，二流的人都要別人取悅自己，一流的人則懂得如何讓自己開心。」**意即只有一流的人才具備足以自我取樂的高超狀態管理能力。

自己的快樂自己給！

94 要收斂情緒的鋒芒

人際關係經常出現問題的人都是無法控制自己情緒的人，不會控制情緒的原因有很多，其中一個就是缺乏自我肯定感。

自我肯定感是一種重視與肯定自己的感受。**缺乏自我肯定感的人會用悲觀及負面的角度看待一切，也容易讓自己受到傷害。**

舉例來說，缺乏自我肯定感的人若聽見有人在竊竊私語，就會覺得對方是在說他們的壞話，而這樣的想法就會讓他們將周圍的人視為仇敵。有些人總是喜歡開口批評別人，說話時一定要跟對方針鋒相對，這樣的人乍看之下似乎很強勢、很有自信，但實際上並不然。相反地，這樣的人其實才是真正沒有自信心的人。有的人在玩生存遊戲時覺得一定要在別人動手之前先下手為強，這樣自己才有機會存活。這樣的心態正如前面提到的一樣，沒自信的人會害怕自己被攻擊、被傷害，所以就會先採取攻擊行動。

在織田裕二主演的電影《椿三十郎》當中，織田裕二扮演的是殺人不眨眼的武士椿三十郎，中村玉緒則是扮演城代家老的夫人。這位夫人對椿三十郎說：

「你就像一把鋒利的刀。由於刀刃鋒利，所以你不把它收入刀鞘，一直在找尋下手的目標。不過，一把真正的好刀就應該要收在刀鞘。」

同樣的，真正有自信的人不會隨便批評對方，也不會與人針鋒相對。瞧不起別人的人乍看之下似乎很厲害，好像非常有自信，但心理學認為這樣的人其實是**「假想能力感」**過高。假想能力感並不是真正的能力感，它的形成並非來自過去的經驗或成果，而是透過貶低他人的能力或價值所形成的感受，也就是自以為的自我評價。

假想能力感過高的人**會阻礙別人成功、批評對方，藉此讓自己的價值顯得對方的價值高，以維護自己的自尊心。**

缺乏自我肯定感的人不懂得控制自己的情緒。自我肯定感高的人不會輕視他人，因為他們不需要透過貶低他人來抬高自己。而且，就算他們遇到不順心的事情，也不會一直想著要向外發洩怒氣。他們總能控制好自己的情緒，所以才會讓別人覺得他們。

要控制自己的情緒！

95 別一直穿黑衣服

很多人不知道穿什麼顏色的衣服比較好的時候，都會覺得黑色的衣服應該是最不會出錯的選擇。黑色的確是商業人士經常穿的顏色，而且就算弄髒也不明顯，還是有很多好處。

不過，黑色衣服也會凸顯皺紋。女明星拍照時，工作人員都會為了集中光線而使用白色反光板讓臉看起來更明亮，也掩飾掉皺紋或細紋以及不必要的陰影，讓女明星更白皙動人。但是，黑色衣服會產生跟反光板完全相反的效果，不僅讓臉部亮度變暗，也讓陰影變多，皺紋與細紋就會更加明顯。不過，由於每個人的面部輪廓及膚色都不同，所以有些人可能覺得黑色衣物帶來的陰影反而加深臉部的立體感，至於細紋或皺紋則不那麼重要。

但是，就心理層面而言，還是需要注意黑色的使用。像是因大地震等災害對心理造成衝擊的孩子在繪畫時就會畫出黑白的作品，要等到他們心理創傷修復以後，才會再畫出色彩繽紛的畫作。另外，人在感到有壓力的時候也會傾向穿黑色的衣服，很多年輕的創業者都喜歡穿黑色的衣服就是因為這樣。A在一間服飾店工作，公司要求她們每個月都要達到一定的業績。在她擔任店長的那段期間，她不自覺地開始買黑色系的衣服，最後整個衣櫃都是黑色的衣服。這是她**無意識地使用黑色的黝暗隱藏與保護自己**。後來A換了一份工作，擺脫業績的壓力以後又穿回各種顏色的衣服。

色彩療法認為「人如果真的幸福的話，就不會再想要黑色」。就顏色而言，黑色也具有死亡的意思，在從前還沒發明電燈的時代裡，黑暗的夜晚非常危險，一旦迷路或是被野獸攻擊，就有可能丟掉小命；食物與植物在腐爛或是死亡的時候，也會變成咖啡色會是黑色；一般人參加葬禮時穿的衣服也都是黑色的。就像我們平常都希望看到明亮的太陽一樣，精神健全的話，自然就會追求各種繽紛的顏色。**若要保持心理的健康，那麼在色彩的使用上就必須兼具多彩以及協調性。**

就像即使在黑色顏料中加入其他顏料，最後呈現出來的顏色依舊是黑色一樣，黑色就是一種叛逆的顏色，不肯被任何人染上其他色彩，也是一種不肯服輸的色彩。相反的，白色則帶有「願意染上你的色彩」的意思，就像日本傳統婚禮服飾「白無垢」使用的就是白色的布料。在面對不能讓步的交涉時，穿黑色的衣服確實可以達到一些效果，但平時一直穿著黑色衣服也會將自己塑造出盛氣凌人、不肯服輸的形象及性格，所以還是要多加注意。

要平均使用各種顏色！

96 找出適合自己的顏色

人在心情不好的時候，就會傾向挑選暗色系的衣服。可可・香奈兒說：**「不要根據你現在的心情來選衣服，要根據你想要的心情來選衣服。」**

就顏色而言，能讓人恢復精神的顏色療法有兩種，一種是同色療法，另一種則互補色療法（互補色＝對比色）。

情緒低落時想要自己一個人靜靜療傷，好好地自我反省，此時選擇藍色的衣服就是進行顏色療法中的同色療法；為了讓心情變得開朗，打起精神重新與人積極地溝通，因此選擇橘色的衣服，則是進行顏色療法中的互補色療法，因為橘色正是與藍色相對的明亮色澤。

選擇衣服的顏色就跟失戀時聽什麼歌一樣。想要藉由同性質的事物讓自己恢復精神的人，就會選擇聽旋律及歌詞悲傷的失戀歌曲，讓自己好好地大哭一場，再從失戀的悲傷之中重新站起來。他們這麼做是為了好好感受自己現在的心情，保護自己不受傷害。相反的，選擇互補色療法的人則會聽一些樂觀面對失戀的歌，例如：透過歌詞表現出「我絕對不會再回頭！」感覺的歌曲，反而會讓他們更快走出失戀。而他們這麼做則是為了打破現在的狀況，採取主動進攻的態度。那麼，你覺得自己是屬於哪一種類型的人呢？

在心理學上，走出悲傷的方式大致可以分為2種，一種是好好感受悲傷的情緒，另一種則是樂觀積極地打起精神。

穿上黑色的衣服會有一種保護自己不被壓力擊垮的感覺，有時我們的確需要穿上黑色的衣服來保護自己，等待暴風雨的過去。不過，**到了要踏出積極向前的那一步，採取進攻的時期，還是需要透過亮色系衣服的力量在背後推我們一把。**

酒店的媽媽桑都會跟店裡的小姐說：「天氣愈不好的日子，妳們就要穿得愈亮眼。」因為，她知道下雨天時不論是來飲酒作樂的客人還是店裡的小姐，心情都會受到天氣的影響，變得跟天空一樣灰暗。

但客人來到店裡如果看到小姐們穿著亮麗鮮豔的裙子，也許心情就會在一瞬間從陰天轉為晴天。而小姐們看著大家都穿著漂亮繽紛的裙子，情緒也會高昂一些。這就是主動進攻型的色彩搭配。

而懂得控制好自己情緒的人，也都懂得如何靈活應用色彩搭配的攻守。

要善用顏色的療癒效果！

97 不必改變本質，改變印象就好

日本的電視台每到夏天都會有很多怪談類型的節目。我在小學的時候一定都會看兩個節目，一個是《你所不知道的世界》，一個是《妖怪人類貝姆》。我每次看的時候都很害怕，但還是不想錯過。

《你所不知道的世界》是根據觀眾投稿的靈異經驗改編而成的電視短劇，《妖怪人類貝姆》對小孩子來說也是非常可怕的動畫，小時候的我在看這兩個節目的時候一定都會有這兩個舉動：

看①《你所不知道的世界》的時候都要用薄被把頭跟身體包起來。

看②《妖怪人類貝姆》的時候都要用手摀著眼睛，透過指縫看電視。

其實，在看這些恐怖的電視時，就算我用被子包著身體還是用手摀著眼睛，電視上的恐怖畫面跟情節還是一樣恐怖。我們覺得透過這些舉動就可以讓自己不要那麼害怕，其實是**人類會在不改變事物本質的情況下，不自覺地改變對於事物的印象。**

突然看到喜歡的藝人出現在電視上時，你會不會跑到電視前面想看得更清楚一點？播到你喜歡的音樂時，你會不會把音量調得更大聲一點呢？這麼做可以讓我們愉悅的心情變得更加愉悅。在不改變事情本身的情況下，藉由改變對事情的印象來應對，其實是非常常見的事，NLP將這樣的舉動稱為**「轉換次感元」**。

人們會透過五感來認識世界，只要改變視覺（顏色和明亮度）、聽覺（音量和速度）和身體感覺（溫度和重量），就會改變對事物的印象。只要運用得宜，就能減輕心理的壓力。

A是一名電話行銷員，被人直接掛掉電話雖是家常便飯，但還是容易大受打擊。我詢問他對這份工作的感覺，他說：「我只要一坐在電話前面，就會想著我打這通電話會不會又被直接掛掉，覺得眼前的東西看起來都是一片灰暗。」所以我建議他：「不如你下次打電話之前，先想像一下你喜歡的顏色把眼前的畫面照亮的樣子，你覺得如何呢？」A嘗試了我給他的建議以後，說現在打電話時的心情比以前好多了。

當然，這樣做也不是每一次都有效，不過因為他願意嘗試做了一些努力，所以現在就算要與不喜歡的人溝通對話，也能以較愉快的心情來應對。心情愉悅的人才有辦法發揮出好的表現，才能夠親切地對待別人。因此，能透過調整五感讓心情變好的人才會讓人喜歡。

事情不能改變，但印象可以改變！

98 不受對方影響，發揮高水準的表現

ＮＬＰ認為人要改變的方式有兩種，一種是改變感覺，另一種是改變意義。改變感覺的方法之一就是轉換次感元。

舉例來說，如果只是像平常一樣把胡蘿蔔切碎做成料理，討厭胡蘿蔔的小孩還是不可能開口吃胡蘿蔔。但如果把胡蘿蔔切成兔子造型，他們或許就會願意吃一點。胡蘿蔔的本質和味道沒有改變，但因為我們改變了它的外觀，也就是改變對於胡蘿蔔的印象，所以原本討厭胡蘿蔔的人就有可能接受它。

Ａ很不喜歡他們公司的主管。每次去公司的時候，這個主管就會一直對Ａ雞蛋裡挑骨頭，從Ａ的外表到說話方式的每個細節都有意見，而且還很愛發牢騷，因此讓Ａ感到很為難。

對Ａ而言，見到這位主管已經成為一件令他痛苦的事，所以他決定試試以轉換次感元的方式改變。

首先，Ａ決定把這個愛發牢騷的主管想像成日本諧星加藤茶在漂流者的節目短劇中以光

頭加小鬍子亮相的樣子。後來，A便成功地無視這個主管的牢騷，甚至在見到他時還要盡量忍住不笑。

而且，A原本就有養狗，只要狗狗一搗蛋，他就會對狗狗喝斥：「回去！」命令牠回去自己的狗屋。所以，後來每當A的主管又說一些令他感到不舒服的話時，他就會在心裡想像主管的樣子，然後對他說：「回去！」把想像中的主管趕進遠方的狗屋，讓他遠離自己。

這麼做以後，讓A就比較不會一直覺得主管的行為很討厭。這位主管的行為並未發生任何改變，但是A的應對方式則有相當大的改變。

在心理學的觀念裡，**過去與他人都是無法改變的，能夠改變的只有未來以及自己。**讓自己不受對方的影響，時時保持高水準的表現，這樣不只可以讓工作順利進行，在跟不喜歡的人相處時也不會有那麼大的壓力。

無意識就像一面透明的玻璃牆，**一旦內心產生討厭、抗拒的感覺，別人也會感受得到。**所以，面對他人時別抱持抗拒、害怕的心態，要以中立的態度對待他。可以做到這一點的人自然會讓人喜歡。

視而不見討對方的討厭舉動！

99 心情不好時更要保持好姿勢

你記得當你心情不好的時候，身體都是呈現哪些姿勢嗎？

你會不會一直低垂著頭，唉聲歎氣呢？其實，真正讓你心情低落的就是這些姿勢跟舉動。

表情與身體（姿勢）會影響我們的內心狀態。善用這一點管理內心狀態是一件非常重要的事。

400戰不敗的傳奇格鬥家瑞克森．格雷西為了激發出自己在擂台上的格鬥潛能，所以他採取在瑜珈的呼吸法當中呼吸節奏很快的火呼吸法，並且透過練瑜珈鍛鍊身體的深層肌肉。身體的強壯程度與心靈的強健程度息息相關，因此他藉由瑜珈讓身體與心靈同時都變得更加強健。

你們有辦法一邊看著天花板，一邊回想難過的事情，讓自己陷入悲傷的情緒嗎？還是有辦法一邊用著輕快的腳步邊走邊跳，一邊回想以前難過的時光，讓自己眼淚奪眶而出呢？肯定都很難做到吧？

同樣地，低著頭的時候也很難想像開心的事情。心情低落的時候，我們的身體都會不自覺地出現向下的姿勢。正因為這樣，當我們的心情愈低落，就更應該像日本歌手坂本九唱的歌《昂首向前走》一樣，仰起頭來往前進。

我經常去做陶板浴，經營那間陶板浴的大叔跟我說：「小惠啊，心情愈糟糕的時候，就愈應該看著那些昂首闊步的人，要看著他們的臉，絕對不要低著頭前進。」從心理學的角度來說，這的確也是個很合理的建議。

日本的心理學家春木豐做過一項實驗，他讓受試者分別以抬頭及低頭的姿勢聽同一首歌，結果發現低著頭就會覺得聽到的是一首旋律哀傷的慢歌，而抬著頭則會覺得聽到的是一首節奏輕快的曲子。人在心情低落時自然會低垂著頭，但這樣的姿勢有可能會讓我們以負面悲觀的態度去解讀別人說的話。

心情低落時就應該抬起頭來，讓身體維持好的姿勢，這樣才有辦法讓心情變好。如此一來，不管遇到什麼事、什麼人，都能夠以積極正面的態度去應對，也會讓周圍的人喜歡這樣的自己。

心情愈沮喪的時候，就更應該昂首前進！

100 把心情寫出來

有時候我們愈努力不去想某件事，那件事就愈容易在腦海中揮之不去。如果真的要讓自己忘卻那些事情的話，把它寫出來會是一個很有效的方法。這樣的方式稱為「寫日記（Journaling）」，美國德州大學教授暨社會心理學家詹姆斯・潘納貝克透過實驗證明了寫日記的效果。

潘納貝克教授請失業者連續5天寫日記，每天都要寫20分鐘，並且調查寫日記的失業者以及未寫日記的失業者的後續發展，結果發現前者的就業率比後者的就業率高出40％。

另外，潘納貝克教授也做了另外一項實驗，他將受試者分為兩組，一組人要寫出以前發生過哪些讓情緒劇烈起伏的事，另一組人則是寫出跟情緒無關的日常瑣事。結果，發現寫出跟情緒有關內容的那一組人在健康方面都有所提升，包括：免疫力變好、血壓下降、跑醫院的次數減少等等，而且他們的幸福感也上升。

把心情寫下來對於減輕壓力及不安、從失去的痛苦中走出，都是非常有效的方法。除了用手寫的方式以外，據說對著錄音機說出自己的心情也具有同樣的效果。

我有一陣子的心情極度低落，吃不下也睡不好，我便抱著死馬當活馬醫的心態開始寫日記。那時，我用寫部落格的方式來寫，部落格可以匿名，不會有人知道我的真實身分。當時我對寫日記抱持著半信半疑的態度，懷疑這樣做到底能不能幫助我重新站起來。不過，人在心情極度低落的時候，別人的意見及建議不見得會是自己想要或需要的，有時反而可能受到二度傷害，讓心情更加低落，所以我最後便選擇把心情跟日記寫成部落格。

很多人在經歷打擊以後，過了好多年都還是走不出傷痛，那時的我也覺得自己可能一輩子都無法重新振作，或是要花好幾年的時間才有機會重新站起來。結果，大概過了3個月左右，我就發現自己的心情恢復了許多。沒想到才過半年的時間，我的精神就已經幾乎恢復到正常的狀態了。那一刻我真的切身感受到了寫出心情的效果！

能力與內心的狀態成正比。**若要時常保持好心情，把不好的心情寫出來也是非常重要的事。**

心情低落的時候不只沒辦法專心工作，也沒辦法對別人保持親切的態度。

總是樂觀積極並保持好心情的人，都會讓人想要靠近。

別讓煩悶的心情一直跟著你！

結語

非常謝謝您閱讀完這一本書。

若你希望了解對方，那就要好好觀察、聆聽並感受對方。透過對方的表情及語氣的變化，我們可以得知對方的喜怒哀樂；對方在抖腳的話，我們就會感受到對方的焦慮。

雖說我們看不到也觸摸不到別人的內心，但其實只要好好地去觀察、聆聽以及感受你面前的人，其實你就會發現對方的內在部分（內心）都會顯現在他的外在部分。

關於對方的一切，包括：之前過得如何、有什麼樣的想法、現在在做什麼、之後想怎麼做等等，都會顯現在對方的表情、周圍的氣氛、談吐言論、衣服打扮等等。也就是說，不論是對方的過去還是現在或未來，都會集中在「現在這一刻」。

因此，唯有將關心的箭頭朝向面前的人，你才能更理解對方，建立起良好的人際關係。因為，人只有對理解自己的人才會願意卸下心防，敞開心扉。

就像從雲的流動可以看出天空即將降雨，從樹上轉紅的葉子可以感受到季節的改變，我們也能夠從肉眼可見的部分去理解肉眼不可見的部分。人的內心也是如此，要從肉眼可見的外在部分，去理解看不見的內心部分。

但是，如果自己的內心狀態不佳，就做不到以乾淨清澈的目光去看待對方。因為我們可能會以扭曲的認知去解讀對方，思想可能還困在過去或已經跳到未來，而無法專注於眼前的人。

所以，許多心理學都教我們要如何控制自己的心情以及如何與他人溝通。我也在這本書中告訴各位要如何做這兩件事情。

在了解別人的時候，我們都會傾盡自己至今為止累積的經驗以及能力。廚師只要嘗一口味道，就會知道這道料理使用哪些調味料。

植物學者可以看出外表相似的野草之間的差異。

只要夠熟悉這個領域的知識，理解的程度也會更高。

只要我們詳悉人的心理，就有助於更理解他人。因此，這本書便以心理學為基礎，介紹了這100個好習慣。

最後，非常謝謝各位選擇了這一本書。

有人說，只要是來到你身邊的事物，不管是衣服、寵物還是書本，一切的一切都是為了讓你變得更幸福，所以它們才選擇會來到你的身邊。

這是你的潛意識將這些事物吸引到你的身邊。

希望這一本書能夠成為你獲得幸福人際關係的契機。

2020年7月　藤本梨惠子

〈作者簡介〉
藤本梨惠子

Fine Mental Color研究所代表
美國NLP協會認證NLP高級執行師
日本國家資格　職涯發展諮商師
企業諮商師
個人色彩分析師
色彩治療師

出生於日本愛知縣，具十多年的設計師經歷，每月加班超過130小時。某一天因壓力過大導致門牙斷裂，從而開始思考「何謂幸福的生活方式」，進而促使正式學習職涯發展諮商與心理學。以NLP為主軸，掌握並整合教練式領導、諮商及正念冥想等方法，活用自身所學成為一名獨當一面的職涯發展諮商師兼講師。在各企業、大學及公家機關舉辦2000場以上的演講，演講內容涉足婚姻諮商到職場諮商各領域，受講人數已突破1萬人。另開設教練式領導、個人色彩分析、色彩治療、骨骼診斷分析等專業培訓講座，結訓學員亦超過500人，個別諮商人數則超過1000人。

人見人愛的100好感處世習慣

出　　版／楓書坊文化出版社
地　　址／新北市板橋區信義路163巷3號10樓
郵政劃撥／19907596 楓書坊文化出版社
網　　址／www.maplebook.com.tw
電　　話／02-2957-6096
傳　　真／02-2957-6435
作　　者／藤本梨惠子
翻　　譯／胡毓華
責任編輯／林雨欣
內文排版／洪浩剛
港澳經銷／泛華發行代理有限公司
定　　價／380元
初版日期／2024年5月

國家圖書館出版品預行編目資料

人見人愛的100好感處世習慣 / 藤本梨惠子作；胡毓華譯. -- 初版. -- 新北市：楓書坊文化出版社, 2024.05 面；　公分

ISBN 978-986-377-963-6（平裝）

1. 人際關係 2. 成功法

177.3　　113004225